厦门理工学院"人才培养模式创新试验区—财务管理应用型人才培养模式"项目资助

非营利基金会
信息披露质量研究

A STUDY ON NONPROFIT FOUNDATION
INFORMATION DISCLOUSURE QUALITY

刘丽珑 ◎ 著

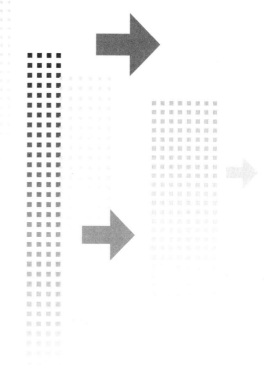

中国财经出版传媒集团

经济科学出版社
Economic Science Press

图书在版编目（CIP）数据

非营利基金会信息披露质量研究/刘丽珑著.—北京：经济科学出版社，2018.10
ISBN 978-7-5141-8767-0

Ⅰ.①非…　Ⅱ.①刘…　Ⅲ.①基金会-信息管理-研究　Ⅳ.①C913.7

中国版本图书馆 CIP 数据核字（2017）第 299938 号

责任编辑：杜　鹏　赵　岩
责任校对：隗立娜
责任印制：邱　天

非营利基金会信息披露质量研究

刘丽珑　著

经济科学出版社出版、发行　新华书店经销
社址：北京市海淀区阜成路甲 28 号　邮编：100142
总编部电话：010-88191217　发行部电话：010-88191522
网址：www.esp.com.cn
电子邮件：esp_ bj@163.com
天猫网店：经济科学出版社旗舰店
网址：http://jjkxcbs.tmall.com
北京季峰印刷有限公司印装
710×1000　16 开　11.75 印张　210000 字
2018 年 11 月第 1 版　2018 年 11 月第 1 次印刷
ISBN 978-7-5141-8767-0　定价：49.00 元

前　言

　　随着我国市场经济的快速发展，贫富差距不断加大，进行财富再分配的社会需求愈发强烈，同时，企业和个人的社会责任意识的觉醒，自愿将部分财富捐赠到慈善事业中来，基金会作为实现资源有效再分配的重要引擎，在救助弱势群体、消除贫困以及发展科学、文化、教育、卫生等公益事业中发挥着不可或缺的作用，因而基金会肩负着社会慈善传播、公益活动和社会民主的重任。但是，基金会既没有政府获得税收的公权力，也没有企业创造经济价值的市场机制，基金会属于"高度资源依赖"的组织。因此，对基金会等非营利组织来说，社会公信力是组织的生命线。2011 年的"郭美美事件"以及接连发生的慈善丑闻使我国基金会等非营利组织遇到了前所未有的公信力危机，导致了社会公众捐赠意愿下降，部分非营利组织甚至陷入了运营困境。事实上，公信力危机并不是我国特有的，世界范围内，慈善组织普遍存在公信力危机，公信力建设几乎已成为普遍共识的任务。因此，通过提高基金会等非营利组织的信息披露质量，重塑基金会的公信力是目前至关重要的课题。

　　从 2004 年开始，我国已在基金会信息披露方面陆续出台了一系列规章制度，如《基金会管理条例》《民间非营利组织会计制度》《基金会信息公布办法》《基金会年度检查办法》《社会组织评估管理办法》等，基金会也纷纷按照现行的相关规定进行了信息披露。基金会信息披露的相关法律法规已初具体系，为基金会信息披露起到了规范与指引的作用，从政策层面推动了基金会信息披露质量的提高。

　　2011 年，"郭美美事件"将具有百年基业的红十字会推到了风口浪尖上，并且公众的质疑声迅速扩散到整个基金会行业。为什么一个女子无意的炫富行为能对我国的基金会造成如此大的冲击？并不是因为郭美美太过强大，而是我国基金会的社会公信力基础太过薄弱，不堪一击。这归根结底是因为，基金会长期未能给社会公众提供足够的令人满意的信息以建立社会公信力。即目前关于基金会信息披露的法律法规并不完善，存在缺陷，无法为基金会披露符合公众需求、增强公众信任度的信息提供规范化的制度引导。

接连发生的"尚德门诈捐门""卢美美事件""河南宋庆龄基金会营利性放贷事件""中华少年儿童慈善救助基金会疑似巨额洗钱 48 亿事件""罗尔事件"等，将基金会的质疑声从信息不公开扩展到基金会内部腐败重生、治理混乱、政府监管不到位、审计和评估制度低效等一系列治理问题上来。即使基金会持续公开了信息，如此混乱的内部治理和外部治理也难以让人相信披露信息的质量，其可靠性和准确性无从保证。

由此可以看出，要提升基金会信息披露质量不是一个简单的工程。它不仅需要完善基金会披露的法律法规对信息披露的内容、时效、格式等信息完整性和统一性的强制性规定，同时还要有完善的内外部治理机制，保障基金会信息披露的过程和事后监管，为信息的全面性、可靠性和准确性提供保证。因此，必须把构建信息披露制度和健全基金会的治理有机地结合起来，提升基金会信息披露质量，以建立起基金会牢固深厚的社会公信力。

因此，本书主要依托公共受托责任理论和治理理论，发现无论是我国基金会目前的信息披露制度方面还是基金会治理机制对信息质量产生的推动作用方面都无法达到重塑社会公信力的要求，进而本书借鉴了国际上先进的信息披露制度并结合我国基金会国情，首先对基金会的信息披露从财务信息披露和非财务信息披露两大方面进行了构建；其次对影响基金会信息披露质量的治理机制进行了深入的规范和实证分析，探寻什么样的治理机制对提高基金会信息质量是有效的，并对基金会的治理机制进行合理的设置，从而基金会高质量的信息披露提供保障。

作者

2018 年 10 月

目　录

第一章

绪　论

本章首先主要介绍研究背景、意义和目标；其次提出本书研究的主要内容和逻辑框架，并对研究方法的选取进行了说明；最后指出了本书的主要创新和不足。

一、研究背景、意义和目标

（一）研究背景

1. 非营利组织在全球范围的兴起

从系统论的角度来讲，一个完整的社会系统应该由政府、企业和非营利组织三部分构成，政府构成了行政资本，企业构成了市场资本，非营利组织则构成了社会资本（詹姆斯，2003）。20 世纪 70 年代以来，伴随着欧美国家政府行政改革运动的兴起，非营利组织蓬勃发展起来，活跃在世界各国乃至社会的各个领域，在社会福利和公共政策中扮演重要角色。

美国约翰·霍普金斯大学（johns hopkins university）的萨拉蒙（Lester M. Salamon）教授在其《全球化结社革命》一文中提出，如果说 20 世纪的特点是民族国家的兴起的话，那么 21 世纪的特点就是"结社全球化"。萨拉蒙教授的项目小组通过调查证实了非营利组织在世界范围的普遍存在，并且具有巨大的发展潜力和广阔的发展空间；非营利组织部门发动的全球性的"社会团体革命"正方兴未艾，它对 21 世纪的意义，可能就像民族国家对 20 世纪的意义一样重大。

目前在世界各国，非营利组织已经成为一种非常重要的组织形式和社会力量，其涵盖了基金会、行业协会、非营利性的教育机构和医疗卫生组织、社会救济与社会服务机构、科研组织等各种组织形式。例如，美国的非营利组织非常发达，当美国民众遇到困难的时候，他们首先想到的并不是政府而是身边的非营利组织，他们更加信任身边的非营利组织，甚至美国政府把许多服务转移给非营利组织，美国政府只提供资金和监控权利，实现了政府和非营利组织在各自组织特征上的互补性，使公共物品（包括公共服务）的提供变得更加廉价和更有效率。

非营利组织公益性的目标模式、独立自治的管理机制和自愿参与的运作方式向社会公众提供多元化的公共物品和准公共物品，共同致力于提高人们的生活水平、谋求人类的福利。可以说，非营利组织的发展和壮大实质上是社会进步、民主法治发展的重要表现。

2. 我国的非营利组织特别是基金会①迅速发展，发挥着不可替代的作用

日益膨胀的社会需求使得政府缺乏足够的资金来提供所有的公共产品，或存在政府提供公共产品的效率较低的情况，这就导致了政府失灵；企业作为理性经济人，具有逐利的本性，不愿主动提供无利可图的公共产品，这就导致了市场失灵。但是，社会上又存在个人或组织愿意无偿提供资金或资源，提供公共产品或帮助他人。这时，在政府和企业之外推动非营利组织的发展就显得非常必要。非营利组织的存在和发展，一方面能够弥补政府失灵和市场失灵，起到拾遗补漏的作用；另一方面又能汇集社会闲散资金投入公益事业中，促进社会稳定和发展。

目前我国还处于经济转型时期，我国政府正向"小政府、大社会"的服务型政府转变，同时，转型时期诸如贫困、环境恶化、自然灾害、贫富差距、城乡差距、老龄化等新的问题不断出现，对非营利发展的潜在需求巨大。近

---

① 基金会分为营利性基金会和非营利性基金会，本书中的基金会指的是非营利基金会，具体界定见第三章。

几十年来，我国基金会等非营利组织发展迅速。根据中国民政部网的统计数据显示，截至 2015 年年底，全国共有社会组织 66.2 万个，比 2014 年增长 9.2%，其中，社会团体共有 32.9 万个，比 2014 年增长 6.1%，基金会共有 4 784 个，比 2014 年增加 667 个，增长 16.2%，民办非企业单位共有 32.9 万个，比 2014 年增长 12.7%；吸纳社会各类人员就业 734.8 万人，比 2014 年增加 7.7%；全年累计收入 2 929.0 亿元，支出 2 383.8 亿元，形成固定资产 2 311.1 亿元；接收各类社会捐赠 610.3 亿元。基金会等非营利组织具体的近八年的发展规模见表 1-1 和图 1-1。

表 1-1			近八年我国非营利组织的发展规模				单位：万个	
指标	2008 年	2009 年	2010 年	2011 年	2012 年	2013 年	2014 年	2015 年
社会团体	23	23.9	24.5	25.5	27.1	28.9	31	329
基金会	1 597	1 843	2 200	2 614	3 029	3 549	4 117	4 784
民办非企业	18.2	19	19.8	20.4	22.5	25.5	292	32.9

资料来源：民政部发布的《社会服务发展统计公报》。

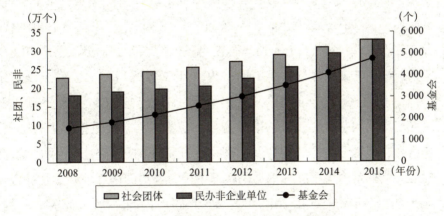

图 1-1 近八年我国非营利组织的发展规模

正如表 1-1 和图 1-1 所示，我国非营利组织发展迅速，目前已经成为推动社会发展不可忽视的力量，特别是基金会在非营利组织中占有特殊的重要地位，表现在：（1）从数量上来说，基金会发展迅速，在我国的社会发展和扶贫助困方面起到了至关重要的作用，成为我国公益事业领域的风向标和催化剂。（2）基金会是发展公益事业最有效的组织形式（资中筠，2011）。基金会与其他非营利组织相比，其优势在其创造了具有法人治理模式的组织架构，不但秉承了慈善的理念，又引入了高效的组织运作方式。迅速发展壮大的基金会，在动员社会资源、促进公益事业发展、弥补政府公共财政的不足、协助政府解决各种社会问题中都发挥了积极的作用。基金会作为非营利组织中重要的组成部分，与其他组织形式相比具有更为优越的组织治理模式，其公信力已经成为整个非营利组织的风向标。

3. 基金会的"失灵"屡屡发生并引发舆论压力

近年来基金会的种种"丑闻"使得基金会发展在一路凯歌的同时出现了不和谐的音符。特别是 2011 年甚至被媒体称为"丑闻年"。2011 年，自称为中国红十字会商业总经理的"郭美美 baby"，在网上公然炫耀其奢华生活，引爆了官办慈善机构群体的信任危机炸弹。同年 8 月，一个名为卢星宇的 24 岁女孩在网上火速蹿红，被网友称为"卢美美"，将中国青少年发展基金会拖入舆论旋涡之中；中国宋庆龄基金会也被传媒揭发运作复杂混乱、账目不清，涉嫌以发展房地产和放贷等方式牟取暴利，中饱私囊；2012 年 12 月，中华少年儿童慈善救助基金会疑似巨额洗钱 48 亿；2013 年，地方性的非公募基金会廖冰兄基金会在其官网上，主动公布一桩"家丑"，该基金会出纳侵吞基金会善款近 80 万元用于个人挥霍，使得该基金会"一夜爆红"；2014 年，嫣然基金被爆 7 000 万善款下落不明；2016 年"童谣"诈捐事件尘埃未定，"轻松筹"白血病众筹诈骗危机又突然而至，接着"罗尔"事件逐渐发酵，等等。连连出现的基金会领域的财务违规、慈善丑闻，严重损害了整个基金会的公信力，使基金会的公益性及管理层受托责任的履行情况受到质疑，导致了社会公众捐赠意愿下降，根据民政部中民慈善捐助信息中心的统计数据，2011 年全国社会捐赠总额由 2010 年的 596.8 亿元下降到 490.1 亿元，人均捐款额由 44.5 元下降到 36.4 元。特别是 2011 年 6 月"郭美美事件"发生后，公众通过慈善组织的捐赠大幅度降低。当年 3～5 月，慈善组织接收捐赠总额 62.6 亿元，而 6～8 月总额降为 8.4 亿元，降幅 86.6%。对于基金会这种"高度资源依赖型"的组织来说，捐赠收入的减少使得基金会的财务状况受到了严重的影响，甚至一部分基金会组织陷入了困境。

这些问题是个别基金会存在的不良现象还是整个基金会甚至非营利组织的普遍状况？无论如何，值得注意的是，一方面，基金会的快速发展，其社会角色的重要性也日益提高，这对基金会的规范管理和监督提出了更高的要求。如何杜绝基金会运作失范问题的出现，如何更好地发挥外部监督和内部自我约束的力量，使得基金会能够又快又好地发展？另一方面，频频发生的慈善事件使得公众对基金会的信息披露愈发关注，公众对基金会信息的公开透明要求更加严苛。因此，基金会规范科学的信息披露机制是促进基金会自身健康发展、提高社会公信力、激发公众捐赠热情、促进基金会和公众良性活动的一种必然的制度选择。

值得庆幸的是，人们已经意识到问题的症结所在，并付诸一系列行动。相关专家在第二届中国非公募基金会发展论坛上对信息披露问题进行研讨，并制定了《中国非公募基金会信息披露指南》；2011 年 7 月，中国红十字会向社会承诺，要做到"两公开两透明"，即捐赠款物公开，财务管理透明，招标采购公开，分配使用透明；与此同时，民政部发布了《公益慈善捐助信息披露指引（征求意见稿）》；壹基金发起的 NGO 自律联盟（USDO）同年也发布了财务透明模板，推动公益组织财务信息公开；2012 年 7 月，民政部发布了《关于规范基金会行为的若干规定（试行）》，其中也对基金会的信息披露也做出了明确的规定；2016 年 3 月 16 日，第十二届全国人民代表大会第四次会议表决通过了《中华人民共和国慈善法》（以下简称《慈善法》），并于 2016 年 9 月 1 日起施行，《慈善法》第 8 章（69～76 条）专门规定了信息公开制度。由此可以看出，基金会的信息披露问题成为一个迫切而紧要的问题。这样，基金会信息披露的相关问题就不可避免：什么是基金会的信息披露制度？基金会的信息披露制度有何特征？其在多大程度上可以借鉴现有公司信息披露制度和国外成熟的非营利组织信息披露制度的经验和成果？一套科学有效的基金会信息披露制度要素有哪些、它们之间的相互关系如何、怎样共同发挥作用？应该如何构建科学有效的信息披露制度以重塑基金会的社会公信力？本书试图在前人已有的研究基础上，努力对上述问题进行梳理并进一步展开研究，将相关问题的研究进程向前推进一步！

（二）研究意义和目标

从前文阐述的选题背景看，本书研究的中国非营利基金会信息披露问题具有重大的理论意义和实践意义。

从理论上说，我国基金会信息披露问题的研究虽然已经起步，但是仍存在诸多不足。放眼国外学术研究，西方国家基金会等非营利组织信息披露问题已有丰富的研究成果，同时也有许多影响深远的论文问世，其中不乏观点鲜明的规范研究，也有数据丰富的实证研究，以及经典的案例研究，它们的研究成果也运用于政策制定和实务执行中。但是放眼我国基金会信息披露问题的研究，一方面由于大部分学者将信息披露的研究重心放在上市公司等营利组织，忽视了对基金会等非营利组织的信息披露；另一方面政策制度的缺位也使得基金会不像企业那样重视对组织信息的披露，基金会的相关数据也很难获取。因此，我国基金会信息披露的研究进展比较缓慢，研究方法比较单一。本书希望通过深入分析和研究基金会信息披露的机制，进一步充实信息披露的理论基础；通过对内部治理和外部治理等因素的分析和研究，构建一套科学、有效的信息披露机制，为非营利组织健康发展提供理论指导；同时，在研究方法上，本书引入了实证研究的方法，丰富了目前基金会信息披露以规范研究为主的研究方法，为基金会信息披露提供了可验证的结论。

从实践上看，基金会等非营利组织的健康发展不仅关系到提高组织本身能力建设，为当前政府和事业单位转型提供路径选择，同时也是构建和谐社会的重要举措。目前基金会的相关立法进程和改革正在紧锣密鼓地进行，但是已有理论研究的成果满足不了实践改革的需求，无法为实践改革提出足够、全面的理论指导。在前文所述的基金会事件发生后，政府部门加快了基金会信息披露相关制度法规的制定进程，基金会本身为了尽快摆脱"恶名"也积极加入了信息公开的行列，基金会神秘面纱终于"被"逐步揭开，这也使得本书的研究更加有的放矢。本书基于对目前基金会信息披露的现状，进行规范性分析，通过借鉴上市公司和国外成熟的非营利组织信息披露制度，提出了适合我国国情的基金会信息披露制度；同时通过我国目前披露的数据，对基金会信息披露的影响因素进行实证分析，实现了构建信息披露制度的有效性。因此，笔者希望通过本书研究，能够为基金会等非营利组织的健康发展提供有益探索。

二、研究内容和方法

（一）内容安排与研究框架

近年来不断出现的慈善丑闻导致了基金会等非营利组织公信力的下降，归纳这些事件对基金会等非营利组织社会公信力的影响主要来自基金会等非营利组织信息的不透明。基金会社会公信力的重塑对信息披露的要求不仅限于是否披露、披露的内容，还在于披露的质量。本书对目前基金会信息披露的概况和存在的问题进行分析后，发现无论是我国基金会的信息披露在完成受托责任方面还是基金会治理对信息质量产生的推动作用方面都无法达到重塑社会公信力的要求，因而本书借鉴了国际上先进的信息披露制度并结合我国基金会国情，首先对基金会的信息披露制度从财务信息披露和非财务信息披露两大方面进行了构建；其次又对影响基金会信息披露质量的治理机制进行了深入的分析并对基金会的治理机制进行合理的设置，从而为可靠准确的高质量信息披露提供保障。

本书总共分为六章，篇章结构逻辑如下：

第一章为绪论，统领全书。本章介绍研究命题的选题背景、研究意义与目标、研究思路与方法及研究框架。

第二章为理论基础与文献综述。本章首先介绍了基金会信息披露的相关理论基础；其次从基金会等非营利组织的重要性、基金会等非营利组织信息披露的目标、内容与治理关系四个方面进行了研究综述与评述。

第三章主要阐述基金会及其信息披露的概况。首先介绍我国目前基金会的现实情况，主要包括基金会的概念、使命、发展阶段分析、整体特征；其次介绍我国基金会信息披露的情况，主要包括信息披露的重要意义、相关法律法规分析、信息披露的整体质量，并以中国红十字会为例介绍了我国基金会信息披露的具体内容；最后对我国基金会信息披露存在的问题进行分析评述。

第四章主要阐述基金会信息披露质量的影响因素和后果。首先利用规范与实证相结合的方法检验基金会的基本特征因素、内部治理因素、外部治理因素对基金会信息披露质量的影响；其次，利用规范与实证相结合的方法检验基金会信息披露质量的后果。本章不仅为后文提升基金会信息披露质量的建议提供了实证基础，同时信息披露质量后果的实证结果也验证了信息披露对基金会发展的重要性。

第五章为基金会信息披露的国际经验借鉴。首先，分别介绍了美国、英国和日本三个具有代表性国家非营利组织信息披露的经验做法；其次介绍了信息披露配套措施的经验做法；最后总结了国际上基金会等非营利组织信息披露制度对我国构建信息披露制度的借鉴。

第六章为提升我国基金会信息质量的对策。包括基金会信息披露制度的构建以及建立健全基金会治理机制。基金会信息披露制度包括财务信息披露和非财务信息披露两大方面；基金会治理机制包括法律制度、政府监管、社会监督和内部治理机制。

本书研究的逻辑框架如图 1 - 2 所示。

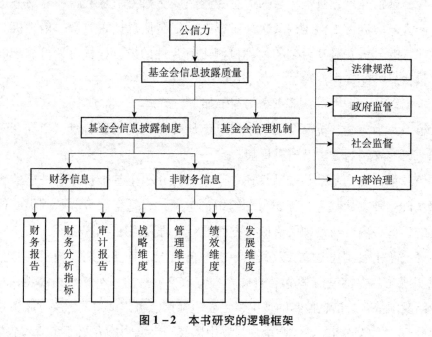

图 1 - 2　本书研究的逻辑框架

（二）研究的方法

1. 规范研究与实证研究相结合的办法

本书运用规范研究，对我国非营利基金会信息披露的基本理论、现状与不足进行了分析与归纳，并借鉴上市公司和国外先进的基金会等非营利组织的信息披露实践，结合我国基金会的特点，构建我国非营利基金会的信息披露制度；同时运用实证研究，对我国基金会信息披露质量的影响因素和我国基金会信息披露质量的后果进行分析，进而利用实证结果，对提升我国非营利基金会信息披露质量提出相应的建议。

2. 采用了多学科理论分析

综合利用多学科的理论和技术，考虑基金会具有一般法人治理特征又具有特殊社会地位和社会属性，因此，本书在研究时，除了运用管理学和会计学相关理论之外，还结合财政学、公共经济学和公共管理学理论，以非营利基金会的信息披露治理质量为核心，对我国基金会信息披露制度的构建、信息披露的配套措施等方面的内容进行了深入的研究。

三、本书的创新与不足

（一）本书的创新

本书试图从财务会计理论和公共管理理论的视角对非营利基金会的信息披露问题进行系统研究，目的在于从非营利基金会的一般性和特殊性出发，探索适合我国非营利基金会特点的信息披露制度，通过信息的公开、透明提升非营利基金会的公信力。本书具体从以下三个方面寻求突破和创新。

（1）本书基于目前基金会深陷公信力危机的背景下，通过提升基金会信息披露质量重塑基金会的社会公信力。目前关于基金会等非营利组织的研究，要么从基金会信息披露制度层面进行构建，要么从基金会治理机制去完善，将两者结合提升基金会信息披露质量的文献较为罕见。本书认为，基金会相关法律制度规定只是高质量的信息披露提供了技术上的可能，完善的治理机制为信息披露的执行过程提供了保障。因此，必须把构建信息披露制度和健全基金会的治理机制有机地结合起来，提升基金会信息披露质量。

（2）目前基于公共受托责任的信息披露研究主要集中于政府部门，而我国非营利组织部门信息披露的研究主要基于委托代理、信息不对称等与公司信息披露通用的理论基础。基金会等非营利组织获得的资源主要来自社会各界的捐赠，其与政府一样，负有公共受托责任。公众希望通过信息披露了解基金会责任的履行情况，以此建立对基金会的信任。目前已有的基金会信息披露不能满足公众的真正需求，才导致一旦出现丑闻，基金会的公信力就严重受损。因此，以公共受托责任为理论基础，对基金会的信息披露制度进行构建，满足社会公众对信息的真正需求，才能重新获得公众的信任。

（3）不管是公司还是非营利组织，已有大量的研究证明完善的治理机制均会对信息披露质量产生促进作用。但是，由于数据的难以获取，非营利组织的研究一直局限于规范推理研究，难以通过数据的实证研究得到具体什么样的治理机制能提高信息披露质量的可验证性结论。本书通过浏览基金会的官方网站、中国社会组织网基金会子站以及《中国基金会透明度发展研究报告》，采用手工收集数据，通过实证研究的方法，研究组织特征、外部治理因素和内部治理因素对基金会信息披露质量的影响，为具体什么样的治理机制对提高信息披露质量是有效的提供了可验证性结论。

（二）本书的不足

（1）限于自身的知识背景和知识结构，笔者对公共财政、公共管理、公共经济学以及政治经济学等众多学科的理解仍不够深入和系统，因此，本书对各学科理论与非营利基金会信息披露关系的研究还有待进一步深入。

（2）尽管非营利基金会的相关数据相比之前公开程度已有很大进步，但是相比上市公司，其数据的完整性和准确性仍存在不足，这就给本书更深入的研究带来了一定的困难。

第二章

理论基础与文献综述

首先，本章介绍了本书将会运用到的四个主要理论：公共受托责任、委托代理理论、资源依赖理论和治理理论。其次，本章对基金会信息披露的国内外理论研究进行了综述和评述，试图找出现有研究存在的不足以及可供本书借鉴之处，为后文的研究奠定基础。

一、基金会信息披露的理论基础

（一）公共受托责任

"我们生活在一个受托责任的时代"，[①] 近年来，受托责任（accountability）这个词无论是在公司、非营利组织还是政府部门都被广泛地进行讨论。其中，由于公共资源的委托关系而产生的受托责任被称为公共受托责任。公共受托责任（public accountability）是一个模糊的、复杂的和多面性的概念，学者分别从政府财务报告与内部控制、政府治理与战略管理、政府绩效评估与审计等多方面进行了深入的研究和阐述，并形成了控制观、报告观、理性观和战略观等具有代表性的不同的理论派别[②]。如格雷和詹金斯（Gray & Jenkins, 1986）指出，受托责任是被授权人（受托人）向授权人（委托人）列

---

①　杨时展. 会计信息系统三评——决策和受托责任论的争议 [J]. 财会通讯，1992（6）：6–11.

②　刘秋明. 现代西方公共受托责任研究述评 [J]. 外国经济与管理，2005，27（7）：58–64.

报并说明责任履行的义务。罗姆泽克和杜比尼克（Romzek & Dubnik，1987）认为，公共受托责任作为一种期望管理战略，应考虑以下两个重要因素：委托人是否有能力定义和控制期望以及委托人对已定义期望的控制程度，并将这两个因素称为控制源和控制程度。

基金会等非营利组织是能够降低交易费用的一种制度安排形式，作为社会第三部门，它在某些领域提供公共品或准公共品的服务。伴随着资源提供者将资源转移到非营利组织中，资源提供者和非营利组织之间产生了委托代理关系，非营利组织承担了受托责任。但是，由于非营利组织的组织性质和组织目标与企业不同，其承担的社会责任和企业也不同。非营利组织的受托责任的核心部分是公共财产的受托责任，它是由社会公众的部分财产转移到非营利组织从而形成了非营利组织对公众的公共受托责任。非营利组织承担的这种公共受托责任要求非营利组织向社会公众公开其对公众转移的财产的经营管理情况以及效率和效果情况，从而有利于公众能够对非营利组织受托责任的履行情况做出评价。

1. 基金会等非营利组织的公共受托责任应侧重外部受托责任

根据委托代理关系的链条，公共受托责任可以分为内部受托责任和外部受托责任。内部受托责任是指基金会等非营利组织内部成员如管理层、员工、志愿者之间的受托责任；外部受托责任是指基金会等非营利组织对外部资源提供者和社会公众所承担的受托责任。在目前公共部门的研究文献中，对公共受托责任的定义更主要集中于社会公众与公共机构之间的特殊关系。根据这些文献，信息披露主要的也是较好地向社会公共提供更广泛更好的问责、解决代理问题，巩固受托关系的主要方式（Monfardini，2010）。随着全球民主化进程的加快，世界各国政府的报告受托责任和对外部受托责任得以加强（路军伟，2006）。基金会等非营利组织的资源主要来自社会公众的捐赠以及税收形成的政府补助，非营利组织通过信息披露的方式，向社会公众报告受托责任履行情况是建立公共和基金会等非营利组织信任的基础。受托责任必然要求基金会等非营利组织关注外部委托人对信息的需求，以此作为报告的重点披露，同时接受委托人的评价和质疑。因此，委托人的参与是基金会等非营利组织受托责任履行必不可少的组成要素，这就要求基金会等非营利组织必须建立起经济高效的交流渠道，吸引委托人参与，并对此作出回应和调整。

2. 基金会等非营利组织应兼顾过程受托责任和结果受托责任

王光远（1996）提出，受托责任分为财务受托责任和管理受托责任。财务受托责任要求受托人应该以最大的善意去承担管理人责任、诚信经营，保护受托资财的安全完整，其行为必须符合法律、道德、技术和社会要求。因而财务受托责任主要考虑资源的取得、使用和管理是否遵循了既定的程序和相关法律法规以及合同契约，是以合法性为主，而不考虑资财动用的结果。管理受托责任对受托责任提出了更高的要求，不仅要合法诚信经营，而且应该要公平有效经营。管理受托责任侧重考虑的是基金会所取得的业绩与其投入的资源之间的配比关系是否符合经济性、效率性和效果性。基金会等非营利组织已经成为一种非常重要的组织形式和社会力量，但是不可否认的是，我国非营利组织存在使命定位不够恰当、发展目标模糊、员工整理素质参差不齐和管理人员寻租、职责不明、服务效率低下等直接危及组织可持续发展和社会公信力等问题（仲伟周，2003）。基金会等非营利组织要通过信息披露重新获得公众信任，在激烈的捐赠市场获得资源并不是只要有信息披露就好，只要披露支出多少、收入多少就可以，更重要的是组织的支出是否符合经济性、效益性和效率性的要求，是否实现了既定的支出目标，运营过程中是否有偏离使命的行为等。所以基金会等非营利组织要披露真正能够反映组织绩效的信息（姜宏青，2012）。

基金会等非营利组织应兼顾过程受托责任和结果受托责任要求提供财务信息和非财务信息并重。财务信息的优势在于其客观性，但是它无法提供反映组织绩效方面的信息。因此，基金会等非营利组织作为受托人还应该提供非财务信息，通过定性和定量的方式向委托人反映其资源营运的合法性和效率效果性信息。

3. 基金会等非营利组织应侧重长期受托责任

公共受托责任按照期间的长短分为年度受托责任和长期受托责任。年度受托责任是根据基金会等非营利组织的会计核算期间设定的，我国非营利组织和企业的会计年度与我国预算年度一致，为每年的 1 月 1 日～12 月 31 日，其作用主要是为了可以让组织的会计信息进行阶段性的总结和分析，有利于相关利益者对组织情况的了解，同时也有助于组织财务健康状况的自我检查。但是从履行公共受托责任的角度来看，以年或其他短期的时间段来判断基金会等非营利组织的受托责任并不合适。基金会等非营利组织是以使命为目标导向的，并以组织使命制定组织的战略规划。战略规划意味着非营利组织受托责任不再以年度为重点，而转向强调组织长期、持续的管理营运和提供公共品的能力，因为一项公益活动从执行到取得效果可能是一个长期的过程，需要若干年，以年度受托责任作为重点不利于考评基金会等非营利组织全面履行受托责任的情况。因此，基金会应该披露组织的使命、战略目标、管理制度和发展能力的信息，有助于资源提供者和社会公众对组织的长期全面的受托责任进行考察和评价。

目前，基金会等非营利组织出现了公信力危机。公信力是基金会等非营利组织的生命线，一旦受到质疑，不仅会影响到对基金会等非营利组织而言至关重要的声誉和社会形象，还会影响到基金会等非营利组织的社会支持与捐款来源，甚至导致基金会等非营利组织产生生存危机。影响公信力的因素有很多，但是，大量的研究证明，导致公信力危机的最重要的因素是受托责任履行的缺乏。如何基于公开受托责任履行情况的视角构建基金会信息披露制度成为目前重塑基金会等非营利组织公信力的重要举措。

（二）委托代理理论

委托代理理论是 20 世纪 60～70 年代发展起来的一种经济理论，该理论主要关注所有权和经营权分离时，委托人和代理人存在信息不对称和利益不一致的前提下，委托人如何制定最优契约激励代理人。委托人将资金或资产委托给代理人进行经营管理，但是由于委托人和受托人存在不同的效用函数，并且委托人作为外部人无法观测受托人的行为，为了维护委托人自身的利益，需要运用制衡机制来防止受托人的权力滥用，以避免产生受托人的逆向行为和道德风险。委托代理理论是制度经济学契约理论的主要内容之一，目前被广泛地运用于经济、管理、政治甚至社会的各个领域中。

基金会也存在委托代理关系，即委托人将资源委托给基金会，基金会通过对该资源的管理使用和对组织使命的履行，完成委托人的公益目标。但是，基金会中的委托代理关系与公司的委托关系相比具有特殊性：（1）委托人的范围更为广泛。公司的委托人一般为投资人，而基金会的委托人则包含了个人捐赠者、组织捐赠者、政府，除此以外还存在众多潜在的委托人，如政府通过纳税人的税收对基金会进行补助，纳税人也成为委托人的组成部分。因此，基金会等非营利组织的委托人是一个极为泛化的群体。不同的委托人群体，具有不同的利益诉求，关注的信息也不同，如此泛化的委托人群体对基金会信息披露的内容更加全面、披露程度更加深入。（2）缺乏利润等可量化的指标。基金会缺乏可量化的经济指标作为基金会绩效的评价标准，基金会管理者不用担心组织会在资本市场上被收购或兼并，这种情况下导致了非营利组织的管理层会增加逐利的可能性（Olson，2000）。在缺乏外部压力和监督的情况下，基金会更应该通过真实、全面和及时对组织使命的完成情况、决策程序、人员构成、资金运营效率等情况进行信息披露，以完成其受托代理责任。（3）"非分配约束"机制。基金会的委托人将资源转移给代理人时，就不享有资源的管理权和剩余索取权了。基金会的剩余收益在存续期间，仍属于其服务对象或受益者，当组织终止运营时，其剩余资源全部转给其他非营利组织继续进行公益性服务。王名（2002）将这种资源称为具有公益产权的资源。公益性产权的治理要求基金会能够建立兼顾委托人、受益人和基金会其他利益相关者的多方利益主体参与的共同治理模式（姜宏青，2012），共同治理的模式也要求基金会提升自身的信息披露质量。

（三）资源依赖理论

资源依赖理论强调人力资源、财务资源和其他资源的获得是组织生存和发展的基础，没有一个组织能够自给自足获得组织所有需要的资源，因此，必须与其环境进行交换。资源依赖理论认为，组织对其他组织的依赖程度取决于三个因素：一是该资源对组织生存和发展的重要程度；二是组织内外部特定群体控制、分配和使用资源的程度；三是替代资源的可获得程度。

基金会等非营利组织需要各种资源以完成其使命，但是，基金会既没有政府强制征税的权利，也缺乏企业以利润吸引投资的运营机制，其获得的资源主要来自个人或组织的捐赠以及政府的补助，捐赠是基金会生存与发展的基础条件；在捐赠资源有限的慈善市场，资源分散于各个不同的捐赠主体，基金会难以控制资源的流向；同时，基金会由于其公益性的特征，难以开创过多的营利性项目获得其他资源的流入，可替代的资源的获取程度很低。因此，基金会属于典型的资源依赖型组织。资源依赖理论的一个重要特点是依赖是相互的，基金会等非营利组织依赖于捐赠者获得各种组织生存和营运需要的资源，而捐赠者依赖于基金会实现自我的公益理想。在捐赠市场，捐赠需求大于捐赠供给的时候，即表现为基金会对捐赠方的依赖性大于捐赠方对基金会的依赖性，权利变得不平等。基金会需要积极采取策略应对，以控制所需要资源的来源。基金会组织如何能够长期获取社会公众的认可和支持，从而获得更多的资源？信任和信心是基金会的核心能力。而捐赠者对基金会的信任和信心主要通过基金会披露的信息获得，因此，从某种意义上来说，资源依赖的特性使得基金会必须提高信息披露水平和质量，提高公信力，以获取生存的保障。

（四）治理理论

治理（governance）这个词中的"治"字具有"管理、秩序、安定"之意，"理"字具有"梳理、整理、办理"的意思。因此，治理具有将管理与梳理、整理与秩序、办理与安定有机地结合起来的意思。治理之英文为"governance"，它长期与government（政府）一次关联使用。但是，自20世纪90年代以来，西方政治学家与经济学家赋予了"governance"更多的含义，它不再仅限于政治学领域，在管理学和经济学等各领域也开始广泛流行起来。1995年，全球治理委员会在《我们的全球伙伴关系》的研究报告中对治理做出了权威的界定：治理是各种公共的或私人的机构管理其共同事务的许多方式的总和，它是使相互冲突的或不同利益得以调和并且采取联合行动的持续过程，它既包括有权迫使公众服从的正式制度和规则，也包括各种工作认为符合其利益的非正式制度安排。可以看出，全球治理委员会认为不仅私人部门存在治理问题，公共部门同样也需要进行治理；治理应该通过正式制度和非正式制度；治理是一个动态的调整和制衡的过程，是持续的互动。由此可以推理出，非营利组织的治理通过内部治理和外部治理等正式或非正式制度安排的动态调整和相互制衡，对不同主体的利益进行协调，共同指向非营利组织公益使命的实现和社会责任的承担。很多非营利组织的治理着眼于组织内部的治理问题，实际上，非营利组织治理还应该包括外部治理。外部治理包括正式的制度安排治理与非正式的制度安排治理，而且，对于非营利组织这种高度资源依赖性的组织来说，应该对外部环境的变化非常敏感，以此来实现组织与外部环境的互动。基金会的信息披露质量与其治理机制关系密切，双向互动。一方面，高质量的信息是基金会等非营利组织治理机制的有效运行的基础；另一方面，基金会等非营利组织的治理机制是否完善，对其披露信息的质量也会产生重要影响。

二、基金会信息披露研究综述

20 世纪 70 年代以来，伴随着欧美国家政府行政改革运动的兴起，非营利组织蓬勃发展起来，同时也极大地促进了国外非营利组织的研究。可以说，目前，国外关于非营利组织的研究无论从广度和深度上均已达到了相当高的程度。我国虽然从 2004 年开始关于非营利组织信息披露的研究每年基本保持稳步增长[①]，但是研究成果依旧偏少。这里对国内外基金会等非营利组织信息披露的文献从以下四个方面进行回顾和总结。

（一）基金会等非营利组织的重要性

由于政府公共产品的提供主要基于公共选择机制产生，公共选择的结果是基于"中间选民"的偏好做出，无法满足其他选民的需求，导致公共产品的供给不足，产生"政府失灵"（Weisbrod，2000）；市场主体为了追求利益最大化不会生产和提供收益趋于零的公共产品，因此，在市场中也存在公共产品的供给不足，产生"市场失灵"。奥斯本（Osbome，1992）提出，由于市场失灵和政府失灵的存在，非营利组织兴起并得到快速的发展，以应对政

---

① 笔者在中国期刊网中检索题名包含"非营利"和"信息"的论文，发现 2004 年之前，关于非营利组织信息披露的论文较少，且每年变动不大；而 2004 年之后，每年保持着较为稳定的增长，如 2005 年为 57 篇，2014 年为 157 篇。

府功能和市场机制的不足，非营利组织成为政府部门以外公共产品的提供者，而且逐渐演变成一种最优机制。韦斯（Weiss，1986）认为，非营利组织自愿供给可以满足各种消费者的偏好，以其自发性、灵活性的特征，为特定需求的群体提供特别的公共产品的补充，这样比由政府单独提供公共产品更能达到帕累托效率。

韦斯布罗德（Weisbrod，1988）指出，非营利组织同时拥有企业和政府组织两者的特性，一些非营利组织像企业一样从事交易活动，如博物馆的收费行为；另一些非营利组织像政府部门一样，提供与收入无关的资源和服务，如红十字会一方面接受捐赠，另一方面为受益者提供资源和服务，受益者并不为其接受的资源和服务付费。但是，一般情况下，非营利组织不会完全像企业或政府一样，它是同时拥有两种组织的特性。因此迈克尔和史蒂文（Michael & Steven，1990）认为非营利组织具有以下优势：一是更容易接近被服务对象；二是能更灵活地对服务对象的需求做出反应；三是更适合处理高风险的社会问题。温等（Wing et al.，2008）指出，美国非营利组织创造了美国 GDP 总额的 5%，提供了美国 10% 的就业岗位，美国接受的捐赠的总收入达到 1.6 万亿美元。

陆建桥（2004）同样也赞同非营利组织的发展在很大程度上弥补了市场和政府的不足的观点，即非营利组织既可以弥补公共财政资金在公共产品投入上的不足，同时又有助于促进和引导民间资金投入公共产品的提供上，从而在一定程度上弥补政府失灵和市场失灵。

王名（2006）比照政府和企业提出非营利组织具有重要的社会功能：一是从投入来说，非营利组织能够动员慈善捐赠和志愿服务等并非企业和政府能够动员的社会资源；二是从产出来说，非营利组织能够提供公益服务，这些公益服务提供方式具有很强的志愿性、竞争性和参与性，是政府和企业提供的服务很难具备的；三是从作用来说，非营利组织具有积极推动社会协调并参与社会治理的作用；四是从影响来说，非营利组织对立法和公共政策的倡导发挥着积极的影响。

樊涛（2006）认为，非营利组织在我国构建和谐社会中发挥着以下三个方面的重要作用：具有实现社会管理主体的多元化，符合"无限政府"到

"有限政府"转变的政府职能目标的作用；成为各种社会公益性服务的主体，发挥和谐社会"稳定器"的作用；协调社会发展和经济发展之间关系的作用。

从世界范围来看，非营利组织的不断发展壮大已经成为一个趋势。诚如美国学者莱斯特·萨拉蒙（Lester Salamon，1994）所言："我们正置身于一场全球性的'结社革命'之中。"因此，政府现在要做的就是建立和支持非营利组织，这是十分自然的（Adier，1988）。

（二）基金会等非营利组织信息披露的目标

斯坦伯格（Steinberg，1986）指出，非营利组织的目标一方面追求资源收入的最大化，另一方面追求组织慈善服务最大化，即意味着同时追求收入和项目支出的最大化，筹资费用和管理费用的最小化，或是说追求预算最大化和服务最大化。贝恩（Behn，2001）指出，非营利组织主要通过两个方面承担问责责任：绩效和财务，通过披露组织的财务状况和绩效，非营利组织可以建立公信力。甘迪娅（Gandía，2011）认为，非营利组织进行信息披露，能够帮助证明非营利组织的确为其免税资格履行了社会使命。诺克和尼利（Knock & Neely，2009）等学者认为，非营利组织自愿披露的信息有利于向目前和潜在的捐赠者提供信息，帮助捐赠者进行市场区分。萨克斯顿（Saxton，2012）等学者认为，非营利组织披露的信息特别是财务会计信息能够帮助捐赠者对组织是否按最初的目标和有效的方式履行他们之间"隐性的合约"；而自愿性信息披露可以传递组织效率、效果和责任履行情况的信息给捐赠者和潜在捐赠者（Lee，2004）。韦尔（Ware，1989）就提出了非营利组织七项信息披露目标：确保服务的提供；保障捐助者的利益；保护服务对象的利益；保障组织员工的利益；在政府提供资助时，保证其效益的达成；维护公平竞争的环境，保障与非营利组织相互竞争的私营机构的利益；保护政府部门不受非营利组织过度的政治影响。

陈劲松等（2007）认为，由于民间非营利组织具有民间性、公益性和社会性的特征，其对外提供的信息必须以帮助社会公众、政府机构、捐赠人和服务对象在提供资源时做出合理决策以及帮助组织加强外部管理和监督决策为主要目标。陆建桥（2004）对我国目前非营利组织财务报告目标进行了总结，认为财务报告的目标主要包括三种观点：第一种观点认为非营利组织财务报告应该满足为信息使用者提供决策所需要的信息；第二种观点认为非营利组织的财务报告应该侧重于满足组织内部管理需要，因为外部信息使用者对财务报告的需求不如企业外部信息使用者那么强烈；第三种观点认为由于民间非营利组织具有社会性和公益性的特点，所以民间非营利组织财务报告的目标应当侧重于满足宏观监督管理的需要。张彪、向晶晶（2008）认为，非营利组织信息透明能够遏制非营利组织运营不规范、财务操作混乱和道德败坏的行为，从而提高非营利组织当前的筹资效果和公众信任度，有利于组织的长远发展。张国生、赵建勇（2005）认为，非营利组织目标应该综合反映其公共受托责任和组织目标多样化特点，应该包括三级目标：基本目标是保持公共资源完整，防治腐败和揭露贪腐；中级目标是促进合理的财务治理；高级目标是帮助组织解除受托责任。

从以上研究结论来看，关于基金会等非营利组织信息披露的目标，学者们的观点主要有：（1）基金会的信息披露是服务于其公益性的目标。由于基金会等非营利组织具有公益性特征并享受免税资格，这就决定其有责任和义务向外公开其信息。（2）基金会的信息披露是为了反映受托责任的履行情况。基金会获得资源的同时就承担了相应的公共受托责任，因此，必须通过信息披露向公众报告资源的使用情况。（3）基金会的信息披露是为利益相关者提供决策依据。基金会的信息披露是为监管部门评价基金会合规合法性和为捐赠者进行捐赠决策、政府提供补助以及内部管理者选择管理政策时提供参考和证据。

（三）基金会等非营利组织信息披露的内容

学者们从不同的理论基础出发，对基金会等非营利组织信息披露的内容进行了研究。陈岳堂（2007）认为，基金会具有资源依赖性的特点，并通过层次分析法（analytic hierarchy process，AHP）构建了一个四层次，涵盖了真实性、充分性、及时性三大准则层面指标、22个子指标的基金会信息披露评价体系。程昔武、纪纲（2008）从信息不对称角度出发构建了非营利组织信息披露机制的理论框架，其基本框架由组织性质使然的自愿性信息披露、监管者干预的强制性信息披露及中介机构提供的信息披露补充三部分组成，并且认为非营利组织存在"优序"性，即从自愿性到强制性以至中介机构补充披露的信息。颜克高（2010）从委托代理和信号传递角度出发，将非营利组织信息披露机制分为非营利组织的信息披露、利益相关者的信息分析与共享和利益相关者的奖励与惩罚三个模块，并且认为自愿性信息披露的适度控制和强制性信息披露度的合理测量、第三方评估机构的完善和利益相关者之间信息的共享、行政性奖励与处罚的公平与公正是保证机制健康运行的关键。程博等（2012）认为，信息披露动因在于解决信息的不对称，基于云计算构建了非营利组织信息披露框架体系。易金翠（2012）从利益相关者角度出发，认为一个有效的信息披露机制应该以信息使用者的需求为导向确定信息披露内容、信息质量、披露途径和披露时限，提出公益慈善组织信息披露的内容应该包括重大事件信息、专项慈善信息、日常信息、组织信息和监管信息。程博（2012）从信息不对称和委托代理理论角度构建了一个由法律层—指南层—披露层构成的非营利组织信息披露框架体系。法律层是对非营利组织信息披露全过程的监督；指南层包括财务报告指南和审计鉴证指南，进而规范非营利组织财务报告和审计鉴证报告编制的行为；披露层是在财务报告指南和审计鉴证指南的双重约束下披露非营利组织财务和非财务信息。刘志明等（2013）基于中基透明指数并结合国外信息披露质量指标体系，从基本信息、财务信息、项目信息和捐赠信息四个维度构建我国慈善组织在线信息披露质量评价体系。姜宏青（2014）基于信息传递理论提出为了全面反映非营利组织运营和管理的绩效，应该对非营利组织绩效财务会计和绩效管理会计的信息进行整合，构建包括基本概况、主要业务活动、预算决算报告、绩效会计报表、绩效分析报告和审计在内的完整全面的非营利组织绩效会计信息体系。

通过信息披露解决委托代理问题、信息不对称问题或利益相关问题是企业和非营利组织的共性，但是，对于非营利组织来说，特别是当前国内外都面临非营利组织公信力危机的时候，通过信息披露解除非营利组织的受托责任具有特别重要的意义。卡特（Cutt，1978）从信息披露内容的角度将公共受托责任分为三个层面：资源信托层面，主要披露特定项目的资金实际使用情况与预算授权是否符合；效率层面，主要披露项目投入与项目产出的比率关系；效果层面，主要披露项目实际结果与预期目标的实效情况。科林（Colin，1995）认为，基金会需要交代的公共责任包括四个方面：财务责任，即对资金正确使用的责任；过程责任，即正当的行为和工作程序；项目责任，即对效益负责；优先权责任，即服务对象的相关性和适当性。爱德华和休姆（Edwards & Hulme，1996）认为，受托责任是指个人或组织向既定的部门进行报告并为该行为负责的方式。梅兰德兹（Melendez，2001）认为，虽然受托责任包含了多个方面，但信息披露是受托责任非常重要的一个方面。波文斯（Bovens，2005）认为，信息披露是能够更广泛和更好完成受托责任，并保持较强受托责任关系的主要方式。戚艳霞等（2009）建议应该从非营利组织自身的微观层次和国家监管的宏观层次同时对现行非营利组织财务会计和报告进行改进，以提高会计信息质量并有效履行受托责任。于国旺（2010）提出非营利组织的核心在于资源使用上的经济效益和社会效益，因此，非营利组织会计应当反映主体在获取资源和使用资源的经济性、效率性和效果，这应该通过定量和定性信息共同得到反映。刘亚莉等（2013）基于目前中国已有的慈善组织信息披露法规，并参考上市公司信息披露体系，借鉴西方慈善组织财务信息披露框架后，从基本财务信息、接受捐赠财务信息和受托责任财务信息三个维度设计了我国慈善组织信息披露质量评价体系。程昔武等（2014）从慈善组织具有公共受托责任的角度出发，结合公益基金会财务信息披露的制度环境和理论基础，构建了公益基金会财务信息披露指标体系，该体系分为三个层次：第一层次为财务报告质量指标，该指标包括6个反映财务绩效的财务比率的子指标；第二层为反映信息公布质量指标，该指标分别包括6个反映信息公布及时性的子指标和3个反映信息公布充分性的子指标；第三层为反映审计质量指标，该指标包括4个反映审计意见的子指标。蒙法迪尼（Monfardini，2010）建议公共部门的受托责任应该通过信息披露和市民的参与互动来实现。杜蒙特（Dumont，2013a）开发了一个指数（the nonprofit virtual accountability index，NPVAI）来衡量非营利组织虚拟受托责任的履行情况，这个指数包括五个维度：可进入性、参与性、绩效、治理和使命，传统的公共受托责任也包括了绩效、治理和使命这三个维度，而可进入性和参与性这两个维度是只能通过网络技术实现的受托责任。杜蒙特（Dumont，2013b）进而提出透明性，首先，为了更好履行受托责任，非营利组织必须保持透明性；其次，为了推动受托责任的实现，非营利组织必须通过信息通信技术（ICTs），借助网络技术实现非营利组织与社会公众的互动，促进受托责任更好地实现。

已有的文献及研究成果为本书基金会信息披露研究打下了坚实的基础，具体来说：（1）对目前基金会等非营利组织的信息披露现状及问题进行了深入的探讨，使得本书的研究方向提供了线索，使得研究更有针对性和现实意义。（2）为基金会信息披露体系的构建提供了理论依据和参考。由于非营利组织的目标与公司的目标不同，这就使得设计基金会的信息披露制度时不能完全照搬公司的信息披露制度，而应该充分考虑基金会信息披露的目标进行科学合理的设计。

但是，我国目前对基金会等非营利组织信息披露的研究也存在不足之处，主要体现在：（1）由于国外的非营利组织具有享受免税资格，因此，国外已有大量从公共受托责任角度对非营利组织信息披露的研究成果，而国内这类研究开始得较晚，并且成果不多。（2）目前国内对从公共受托责任角度对非营利组织信息披露进行的研究主要从非营利组织财务信息披露的角度（如刘亚莉等，2013；程昔武，2014），披露内容不够完整。正如卡特（Cutt，1978）所言：从信息披露内容的角度将公共受托责任分为资源信托、效率和效果三个层面，但是，这三个层面中，只有资源信托层面的公共受托责任能通过会计与预算系统提供的数据给予披露，效率层面和效果层面的信息只能通过其他系统进行披露（张琦，2007）。（3）目前，在国内外非营利组织绩效信息披露的研究中，这可能是由于非营利组织的效果绩效不易衡量的原因，但是公益性的实现程度和社会影响等效果绩效却是资源提供者最关注的部分。（4）正如杜蒙特（Dumont）等的研究结论，公众的参与与互动对促进受托责任的实现由重要作用，而网络技术的发达和网络的普遍使用使得公众的参与和互动提供了有利条件。因此，基金会的信息披露应该包含财务信息披露以及非财务信息披露，并且应该着重反映完成组织使命的相关信息，注重效率信息披露的同时应该更注重效果包括公益性和社会影响的信息披露。在信息披露中，应该强调利用互联网技术，既节约了成本，提高了信息时效性，同时又能实现双方的沟通和互动，促进信息披露质量的提升。

（四）基金会等非营利组织信息披露与治理

为了促进基金会的健康发展，提高基金会信息披露质量，我国相继出台了《基金会管理条例》《基金会信息公布办法》《民间非营利组织会计制度》《公益慈善捐助信息披露指引（征求意见稿）》等多项政策法规。这些法律法规从行为规范上为提高基金会的信息披露质量奠定了制度基础。但是，此后再度爆发的一系列慈善丑闻事件却表明，问题的根源并不仅仅在于基金会的信息披露制度或基金会的会计部门，而是在于基金会不完善的治理环境。正如鲍尔等（Ball et al.，2003）所言：制度或责任只是为高质量的信息披露提供了技术上的可能，解决问题的必要条件在于执行过程。

治理机制是一种对组织进行管理和控制的制度体系。广义的治理机制包括内部治理机制与外部治理机制两部分。基金会的内部治理结构，指的是由理事会、监事会和秘书处三方面形成管理与控制体系。完善基金会的内部治理结构的重点在于明确划分理事会、监事会和秘书处各自的权利、责任和利益，形成三者之间的制衡关系，从而保证基金会的有效运行。基金会的外部治理机制是指与基金会内部治理机制相适应的外部管理与控制体系，它包括外部法律治理机制、外部政府治理机制以及外部社会治理机制三个方面。

1. 基金会内部治理机制与信息披露

（1）内部治理结构。目前，公司治理与信息披露质量之间的关系研究主要集中于董事会特征和股权结构等视角（伊志宏，2010），由于基金会等非营利组织并不存在股权结构，因此，基金会等非营利组织组织内部治理与信息披露质量之间的关系研究主要集中于理事会特征对信息披露质量的影响问题上。董事会是为了解决代理问题而在组织内部演进出来的一种符合市场经济原则的内生组织或制度，同时也是监督经理的一个最低的内部资源（程昔武，2007）。基钦（Kitching，2009）认为，非营利组织比企业存在着更严重的信息不对称，因为它存在两个不同的主体：非营利组织产品和服务的捐赠者和受益者。捐赠者通常不是受益者，几乎没有机会确定非营利组织提供的服务质量是否令人满意。霍夫曼和麦克斯韦恩（Hofmann & McSwain，2013）提出，虽然非营利组织服务的利益相关者和衡量的绩效与企业有所不同，但是非营利组织和企业一样具有动机和机会对财务信息进行操纵以误导利益相关者或改变合同（如贷款合同），因此，非营利组织对财务信息的操作普遍存在。杰格斯（Jegers，2010）认为，理事会与执行层存在委托代理问题的原因在于它们两者的目标不一致：理事会的目标是服务最大化，而执行层的目标是预算最大化（或收入最大化），因此，执行层有动机操作信息的披露以获得更多的捐赠。帕森斯等（Parsons et al.，2012）指出，非营利组织经理主要的财务信息操纵是通过对成本进行错误的分类和筹资成本的人为提高或降低，比如增加报告项目支出费用和减少报告筹资费用，以增加项目支出率和降低筹资费用率。耶特曼和耶特曼（Yetman & Yetman，2011）发现，积极的治理变量与更精确财务报告正相关。萨克斯顿和郭（Saxton & Guo，2011）证明了理事会绩效与非营利组织的在线信息透明度正相关。鲁哈亚等（Ruhaya et al.，2012）认为，理事会作为组织的内部治理机构用于保障管理者有效地执行组织使命及履行受托责任，具有支持组织进行信息披露的受托义务。但是理事责任的无限性与非分配性约束之间的张力使得理事没有足够的动力去履行治理职责（徐勇，2012）。因此，如何科学明确理事的职责以及形成理事会、监事会和秘书处三者相互制衡关系是提高信息披露质量的重要手段。

（2）内部控制制度与信息披露。崔志娟（2011）认为，内部控制的目标之一是提高财务报告质量；宋宝等（2012）通过2009年深市中小板上市公司信息披露的考评结果研究结果表明，内部控制有效性与信息披露质量存在显著的正相关关系。内部控制制度对非营利组织来说同样非常重要，内部控制制度支持了非营利组织的透明度和问责制，透明度所提供的准确或可获取的信息不仅促使捐赠者进行捐赠行为，而且促进了各利益相关者之间信誉的构建；问责制则保证了基金会的行为是按捐赠者的意愿进行的，问责制和透明度帮助组织获得重要的能力建设（Maguire，2014）。但是，大部分非营利组织都没有披露其内部控制的信息，主要是受外部和内部两个原因的共同制约，外部原因是我国对基金会等非营利组织内部控制制度法律法规的缺位，虽然

《基金会信息公布办法》第十一条规定信息公布义务人应当建立健全信息公布活动的内部管理制度，但是缺乏具体操作细则，无法形成真正的约束力；内部原因是基金会管理者对内部控制信息披露的动机不足。虽然基金会管理者不用对股东负责，但是他们需要对捐赠者即提供重要资金来源的委托人负责，这些捐赠者即委托人的资源并非无限，因此，基金会等非营利组织必须争夺资金，内部控制信息的披露有可能导致捐赠者对非营利组织管理能力和财务能力产生怀疑，从而影响非营利组织形象受损，降低获得资源的能力。彼得罗维茨（Petrovits, 2011）对 1999～2007 年 27 495 个公共慈善机构的实证研究证明了非营利组织的内部控制披露缺陷会直接和间接地对非营利组织重要资金来源的捐助者和政府机构的决策产生负面影响。所以规范内部控制的总体思路应该是"意识诱导"和"行为约束"相结合的内部控制模式。

2. 外部法律治理机制与信息披露

强制信息披露的原因在于，罗照华（2009）提出，公益基金会的监管和信息披露相关法律法规不够健全，信息披露不成体系，应该加快法律法规建设、完善财务报告体系。程昔武、纪纲（2008）提出，由于非营利组织的有限经济人的机会主义行为倾向以及信息收集与整理成本阻碍了非营利组织进行自愿性信息披露。基金会等非营利组织为了不失信于捐赠者，惯性的做法是高举有利的"好"消息，低调处理不利的消息（Ebrahima, 2004）。赫茨琳杰（Herzlinger, 2004）指出，非营利组织的行为和经营上存在问题，非营利组织缺少商业领域中的强制性责任机制，应该通过制定一定的规则进行约束。颜克高（2010）认为，自愿性信息披露可能会导致信息偏差，造成市场的噪声，因此，应该通过强制性信息披露制定统一披露规范，信息披露的内容、时间、形式等成为将基金会强制性信息披露制度设计的核心内容。鲍尔等（Ball et al., 2003）通过对亚洲四国的信息透明度进行的研究表明，仅仅依靠高质量的会计准则无法完全实现信息披露透明度，一国法律对信息生产者产生的激励对信息披露高透明度发挥关键作用。祝建兵、陈娟娟（2009）提出政府对非营利组织信息披露进行管制的动因在于三个方面：降低交易成本，节约社会资源；消除市场失灵，实现信息供求的一般均衡；消除市场失灵，实现信息供求的一般均衡。吉格勒和海默尔（Gigler & Hemmer, 1998）的研究结果表明，信息披露制度的制定与相应的政府监管会对非营利组织的自愿性信息披露产生两个方面的效果：在强制性信息披露不足的情况下，非营利组织会希望通过增加自愿性信息披露向捐赠市场发出信号；在强制性信息过多的情况下，非营利组织增加自愿性信息披露的边际成本非常高，导致自愿性信息披露的动力不足，自愿信息披露减少。因此，信息披露的最优供给是在于当基金会等非营利组织提供信息披露的边际成本等于信息披露的边际收益时的数量。魏明海等（2001）进一步指出，一套清晰、准确的会计准则和相应的信息披露制度，只是为会计信息的高度透明实现提供了技术上的可能，只有当相关会计环境使得提供不透明会计信息的预期收益为负时，会计高透明度的实现才成为必要。

3. 外部政府治理机制与信息披露

在公司治理中，外部政府治理机制与公司会计信息披露的运作过程可以表述为：制定监管制度—实施监管制度—检查监管制度的执行情况—对违规行为进行处罚—根据环境变化改进监管制度（乔旭东，2003），但是，在基金会等非营利组织中，政府对基金会的治理不仅仅体现在监管制度的制定和实施中，还体现在政府的扶持和资助是非营利组织发展的关键环节。康晓光（2009）认为，在新中国基金会建立初期，基金会需要借助政府的政治公信力或各级党团组织来解决信用问题和低成本运作，因此，中国的很多基金会，特别是很多"老字号"基金会，受其初创时的体制影响，都与政府有着千丝万缕的联系（柯思宇，2013）。李静（2006）指出，由于非营利组织受政府直接管理甚至财政直接拨款支持，导致政府部门几乎成了非营利组织会计信息唯一关键的使用者。徐富海（2011）也指出，目前基金会的信息披露主要是从民政部门常规年检、税务部门税务监督等要求进行最基本的合法合规信息披露，呈现出一种向上级汇报的模式（Kamat，2004）。巴顿（Patton，1992）认为，公共部门遵循的"规则"导向使得公共部门并不是以绩效等结果为目标，而是以合规性为目标，这就大大限制了员工的自主性和创造性。我国基金会管理条例中规定的双重管理体制也受到了众多诟病。耿伟（2011）指出，我国非营利组织的双重管理体制不仅仅加大了非营利组织登记和注册的难度，还导致监督缺位的现象。徐莉萍等（2013）指出，公益组织过于依赖政府，导致信息披露忽略了外部其他利益相关者的多元化信息需求。

4. 外部社会治理机制与信息披露

（1）审计与信息披露。詹森和梅克林（Jensen & Meckling, 1976）的研究表明，由一个独立的第三方审计监控可以减少代理成本，同时也是保证财务报告质量的重要手段。不仅如此，有些文献认为高质量的会计师事务所会影响审计质量：伦诺克斯（Lennox, 1999）发现，六大会计师事务所比小事务所更能预测财务危机。弗朗西斯（Francis, 2004）证实了四大事务所能提供更好质量的审计。Skaife 等（2007）发现，优质的会计师事务所（四大事务所、博德豪事务所或均富事务所）更易于发现内部控制的缺陷。里奇和史密斯（Rich & Smith, 2013）认为，原因在于高质量的会计师事务所不仅拥有更强大的能力来检测现有内部控制制度缺陷，还具有更高的诉讼能力促使他们的客户披露这些异常情况。格兰（Grein, 2013）利用美国公共住房当局（PHA）的数据验证了审计能减少潜在的管理层偏差，尤其是减少了夸大的风险。霍夫曼和麦克斯韦恩（Hofmann & McSwain, 2013）指出，有证据证明小捐赠者一般直接进行捐赠，但是大捐赠者进行时会借助审计报告，审计报告的真实准确很重要。我国学者张立明（2012）、陈丽红等（2013）证明，当基金会选择百强事务所审计时，能够有效实现审计的治理职能，吸引更多的捐赠者进行捐赠。程昔武（2008）指出，注册会计师对组织的会计信息进行鉴证，已被实践证明是保证信息公允性的有效手段。

（2）评估与信息披露。由于非营利组织的外部使用者的信息不对称，评估机构成为重要的信息中介（Gordon et al., 2009）。程昔武（2008）认为，评估机构通过收集非营利组织的信息，按照公众认可的评估标准，对非营利组织进行鉴证评估，能够为公众提供公允、有益、可理解的信息。目前国内外对非营利组织评估的研究主要集中在其评估方法和评估体系的内容上，如由"3E"的评估标准结合公共组织的特征发展而成的"4E"评估标准即经济性（economy）、效率性（efficiency）与效果性（effectiveness）、公平（equity）。Letts 等（1999）认为"标杆管理法"将比较和评估结合在一起，是非营利组织最常用的方法之一。保罗·尼文（Paul Niven, 2003）提出公共部门的平衡计分卡图表，他将"使命"置于评分积分卡的顶端，同时注重顾客、财务、内部流程、学习与成长。吴东民、蓝西明（2003）提出通过容易操作的等级评定法对非营利组织进行评估。邓国胜（2004）提出 APC 方法，即从问责（accountability）、绩效（performance）和组织能力（capacity）三个方面对非营利组织进行评估的一种绩效评估指标体系。王锐兰（2005）运用模糊数学建立了非营利组织绩效评价方法。张培莉、张爱民（2008）基于 VBM 框架的视角提出了影响、结果、动因的非营利组织三层次绩效评估模型。国外有些学者基于其成熟的评估体系，开始对非营利组织评估结果的影响也进行了实证分析，如班尼特和萨瓦尼（Bennett & Savani，2003）发现慈善组织的绩效评价会影响其筹资能力；布赫海特和帕森斯（Buchheit & Parsons，2006）研究发现 39% 的捐赠者乐意通过财务信息帮助他们选择接受捐赠者做决策；戈登等（Gordon et al.，2009）通过美国慈善导航的数据证明了捐赠对评估结果的变化非常敏感，评估结果会影响捐赠规模和方向。

信息披露质量与治理之间的关系研究在公司研究中已经非常多了，但是，我国学者在非营利组织的研究中，信息披露质量与治理之间的关系主要停留在规范推理的阶段，没有将定性分析和定量研究结合起来，研究方法较为单一，缺乏说服力。数据的难以获得是学者无法对基金会非营利组织展开实证分析的一个主要原因。随着基金会重要性的提高，政府有关部门开始重视并提高了基金会信息披露的强制性。虽然目前基金会数据的获取不如公司数据的获取便利，但是已经为实证分析提供了可能性。

第三章

我国基金会及其信息披露概况分析

目前基金会已到了一个重要的发展阶段，其信息披露相关的制度法规也初见体系。可是为什么一旦个别基金会出现丑闻，就容易波及所有的基金会受到社会公众的质疑，导致捐赠急剧下降？这说明目前基金会已有信息披露存在问题，至少，基金会已有的信息披露无法建立起社会公众对基金会充分的信任感，所以基金会社会公信力的基础十分薄弱。因此，本章对基金会及基金会信息披露的概况进行描述，提出目前基金会信息披露存在的问题。

一、我国基金会的概况

（一）非营利组织和基金会的界定

1. 非营利组织

无论是在实践还是在研究中，各国对于非营利组织（Nonprofit Organization）的概念和范畴并不统一，不同的国家甚至还使用不同的称谓。比如联合国文件中一般采用的是"非政府组织"（Non Governmental Organizations，NGO）；美国依据其税法，称为免税组织（Tax-exempt Organization），非营利组织也是免税组织的代名词，有时也被称作"第三部门"（The Third Sector）；英国则遵照传统使用"志愿组织"（Voluntary Organization）。其他常用的还有"慈善组织"（Charitable Organization）、"社会中介组织"（Mediate Organizations）、"公民社会组织"（Civil Society Organization，CSO）、"独立部门"（Independent Seetor）等称谓。

在学术界中最常用的方法是通过对非营利组织的特征说明来界定非营利组织。美国约翰·霍普金斯大学的萨拉蒙教授等（1999）为了便于非营利组织这一范畴在国际上有统一的认识和计算口径，通过对42个国家的非营利组织进行国际比较研究认为，凡是同时具有组织性、私有性、非营利性、自治性、自愿性和公益性六个特征的组织即为非营利组织。（1）组织性，非营利组织必须具有一定程度的制度和结构；（2）私有性，非营利组织在制度上与政府机关相分离；（3）非营利性，非营利组织可以产生利润但是不得分配利润；（4）自治性，非营利组织要有内部治理程序，能够自我管理；（5）自愿性，非营利组织应有一定数量的志愿人员参与机构活动，并接受一定的时间和资金的自愿捐赠；（6）公益性，非营利组织应该奉献社会，为社会的公共利益服务。

德国著名的科学家和慈善家沃尔夫（Wolf，1990）从组织的使命与政策税收的特征来界定非营利组织，他认为非营利组织的宗旨是服务公众，不以谋取营利和私利为目的，是具有合法的免税资格和能够提供给捐赠人免税的合法地位的组织。沃尔夫强调非营利组织具有公益性、非营利性、免税性和组织性的特征。

贾西津（2002）认为，非营利组织应该包括组织性、私有性、非营利性、自治性、自愿性五个基本特征。王名（2002）则认为，非营利组织是"不以营利为目的、主要开展各种志愿性的公益或互益活动的非政府社会组织"。

我国2004年颁布的《民间非营利组织会计制度》指出，非营利组织同时符合以下三个特征：（1）该组织不以营利为宗旨和目的；（2）资源提供者向该组织投入资源不取得经济回报；（3）资源提供者不享有该组织的所有权。民间非营利组织包括社会团体、基金会、民办非企业单位和寺院、清真寺、教堂等。

还有一种较常用的方式是通过界定非营利组织从事的活动领域来定义非营利组织。最典型的是美国，在美国非营利组织一般指的是指符合美国联邦税法501（C）（3）项免税规定的组织：（1）该组织的目标完全是从事慈善性、教育性、宗教性和科学性的事业，或者是达到税法中明文规定的其他目的；（2）该组织净收入不能用于私人受惠；（3）该组织不能从事任何政治活动，所从事的主要活动不是为了影响立法，也不干预公开的选举。何光喜等（2003）认为，我国目前非营利组织主要是由民政部门归口管理的三类组织组成：社会团体（包括各类协会、学会、联合会、研究会、联谊会、促进会、商会等）、基金会和各种民办非企业单位。此外，王名、贾西津（2002）认为，更加宽泛的非营利组织概念还应包括各人民团体、转型中的部分事业单位以及大量没有登记注册的民间团体组织等，他们对各种分类梳理之后，将中国非营利组织依照组织构成与制度特征分为会员制和非会员制，并进行了细分，如图 3-1 所示。

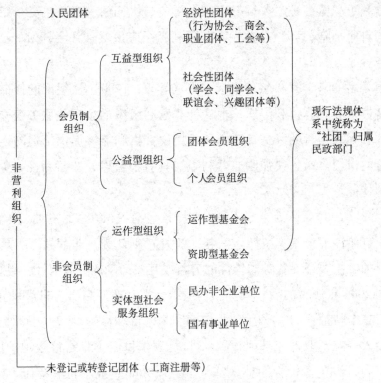

图 3-1　中国非营利组织分类体系

资料来源：王名、贾西津. 中国 NGO 的发展分析 [J]. 管理世界, 2002 (8)：32.

综合国内外学者的研究，笔者认为，非营利组织是指运用个人或企业捐款、政府补助或生产所得等资源，以公益或社会互助为使命，社会主体自愿参与，开展各种非营利性活动，具有自治性的组织机构。这样的概念界定涵盖了非营利组织的非政府性、志愿性、非营利性、组织性和自治性的特征，既能全面地揭示非营利组织的主要本质特征，也体现了非营利组织与其他组织的差异。按本书的定义，首先，非营利组织应该是在民政部合法登记注册的组织，虽然很多游离在民政部登记注册外的组织实质上也符合非营利组织的特征，但是其缺乏法律保障，无法真正接受监督，也无法对其数量特征进行统计，故不在研究之列；其次，宗教团体、政党组织受历史因素、政治倾向的影响较大，它们的运营活动不具普遍性，因而也排除在外；最后，目前的国有事业单位虽然面临转型问题，但是仍属于政府的附属机构，故也排除在本书研究之外。因此，本书所指非营利组织与王名、贾西津（2002）认为的"狭义的或典型的 NGO"较为接近，或与我国现行法规对民间组织的界定是一致的。

2. 基金会

基金会的雏形最早可以追溯到古代社会。公元前一千多年以前，赫梯人的古代部落就有为了某项事业而通过寺庙和社区接纳个人财产。古罗马共和国时期，为了遏制低龄人口的减少而建立为救助贫困儿童的"食品基金会"。公元前 387 年，柏拉图把学院及其农场土地遗赠给了他的外甥，同时规定它们应该为柏拉图追随者们的利益服务，这反映了"为了他人利益而管理一项捐赠"的朴素的基金会概念（Weisbrod，1975）。公元前 150 年，古罗马法律宣布慈善机构既是"有认知力的合理存在"，也是"不灭不变的法人实体"，从而承认了基金会等慈善机构的法律地位，也为基金会事业打下了坚实的基础。

现代基金会制度起源于 20 世纪初，英美法系和大陆法系的基金会发展路径却出现了很大的差异。20 世纪初，大陆法系的主要国家基本已经完成了民法的法典化进程，初步建立了财团法人制度，具有法律实体的基金会归入财团法人制度中，并且变为了财团的代名词。由此看来，基金会的发展是建立在"财团法人是财产集合体"的民法古典理论之上，商业公司则是"人的集合体"纳入社会类别中，商业公司和基金会就被完全分隔开了。具体见表 3 - 1。

表 3-1   不同地区基金会定义和分类

	界定	分类
英美法系（以美国为代表）	其对于基金会的界定来自信托制度，是以公益为目的而形成的特殊财产关系。美国基金会中心将基金会定义为："非政府的、非营利的、自有资金（通常来自单一的个人、家庭或公司）并自设董事会管理工作规划的组织，其创办的目的是支持或援助教育、社会、慈善、宗教或其他活动以服务于公共福利，主要途径是通过对其他非营利机构的赞助。"	在美国，基金会的分类一种是按照来源是来自公众或私人，分为公共类基金会和私人基金会，其依据的标准是公众的捐款的支持率是否低于 10%。另一种按发起者的性质，将基金会分为社区基金会、独立基金会、运作基金会和公司基金会。
大陆法系（以德国为代表）	基于捐助行为或遗赠行为而设立的公益性财团法人称为基金会，它遵照章程而独立运作，不受捐赠人或者遗嘱执行人的干涉。	基金会分为私人基金会和公共机关管理的基金会。除此之外，一类基金会根据是否受民法规范分为自治基金会和非自治基金会；还有一部分属于宪法规定的教会自治范围的基金会，受教会法规范。
中国	我国 2004 年颁布的《基金会管理条例》中第 2 条规定："本条例所称基金会，是指利用自然人、法人或者其他组织捐赠的财产，以从事公益事业为目的，按照本条例的规定成立的非营利性法人。"此条规定限定了我国基金会的组织形式必须是非营利性法人。	《基金会管理条例》根据资金来源方式的不同将基金会划分为公募基金会和非公募基金会。

　　英美法系的现代基金会制度是在慈善信托的基础上诞生的。保护捐赠和捐赠者意愿的手段在中世纪后期已经取得了合法地位，17 世纪的伊丽莎白女王时代以法律的形式正式地将慈善信托确定下来。20 世纪初期，卡内基（Carnegie）、奥利维亚（Olivia）、塞森（Sasson）等创建了与老式基金完全不同的慈善机构，这些机构具有服务大众利益的明确使命，依托理事会或受托人委员会并且具有法人治理结构的特性，利用所掌握的巨大的受托财产去支持或建立其他机构。在英国、澳大利亚等英美法系的国家，基金会可以采用慈善信托的方式不办理正式的法律登记，也可以办理正式的法律手续登记为公司的形式。在美国，基金会的建立就是按照商业公司模式，并采用公司的形式登记，基金会与营利性公司在法律属性方面最大的不同就是否能够享有税收优惠。大陆法系和英美法系基金会制度形成路径的差异性，决定着治理机制的不同。

　　我国基金会的发展是改革开放的产物。由于经济的快速发展以及海外华侨在国门打开后纷纷回国报恩，接连不断地出现各种称为基金会的组织。但是，这些组织都是在没有任何法律登记和法律规范的情况下发展的，质量参差不齐。1988 年 9 月我国出台了《基金会管理办法》，2004 年 3 月又颁布了《基金会管理条例》，基金会的发展进入了一个崭新的规范发展阶段。

我国很多学者的观点认为，中国的民办非企业单位和基金会本质上应该是属于大陆法系中的财团法人（孙宪忠，1991）。但是"国际社会却认为，中国的法律体系是受孔子—法家、大陆法系和社会主义法系三类法系影响的尚不成熟的法系"（西尔克，2000）。从我国《基金会管理条例》对基金会的定义来看，并没有明确提出我国基金会属于"财团法人"，但是，相比 1988 年的《基金会管理办法》中将基金会归属到"社团法人"已经是一种进步了。按照王名、贾西津（2002）的分类，我国的基金会应该指的是非会员制的运作型组织，包括运作型基金会和资助型基金会。

笔者认为基金会至少包括以下四个特点。（1）财产的集合。这是基金会与其他非营利组织主要的不同点，基金会并不是成员活动或人的集合，而是资产或资金的活动和财产的集合。（2）公益性。公益性是基金会的基本属性，其公益性应该体现在三个方面：一是要有明确的公益使命与宗旨；二是捐赠来源于各种制度化和组织化的公益捐赠；三是通过各种活动使特定的弱势群体乃至整个社会受益的公益用途。（3）非营利性。这是区别于企业的最根本的属性。基金会属于非营利组织机构，其活动的目的并不是获取利润，更不能进行利润分配。基金会只是作为一个中介将社会资源以更公平的方式进行分配。（4）组织性。基金会应该是一个正式的组织，拥有明确的组织目标，具有一套完整的规章制度，要有明确的职责和权利义务的划分，而不是临时的、随意性的、松散的活动或聚会。

（二）基金会的使命

德鲁克在其著作《非营利组织的管理》中开篇第一章就是说使命，他认为，"非营利组织是为其使命存在的，它们的存在是为了改善社会和我们每个人的生活。它们为其使命存在，这一点必须铭记在心。"基金会等非营利组织与政府和企业最大的区别在于非营利组织是以使命为先，使命的履行和实现过程体现了非营利组织存在的价值。那么，什么是基金会等非营利组织的使命？詹姆斯·杰雷德（James Gelatt）打的比喻：作为一个船长，他必须清楚两件事：第一，这条船要开到哪里去；第二，怎样才能开到那里。"开到哪里去"就是非营利组织的使命，"怎样开到那里"就是非营利组织根据使命所制定的战略。

基金会的使命既有一般性又具有自身的特殊性。基金会作为我国公益事业的重要组成部分，其承担着动员社会各种资源、提高社会福利、促进社会和谐发展的共同使命。正如本书在介绍基金会定义时提到的，基金会区别于其他非营利组织的重要特点是，它是以"财产的集合性"为特征的，所以每一家基金会的使命会根据其财产的使用目的来设立，又具有特殊性。多元化的使命，使得每个基金会能够专注于某一领域的公益事业，实现更专业的运作模式，更好地在不同领域共同为社会福利服务。每个基金会的使命都应该确定以下内容：组织的核心业务是什么？谁是组织的服务对象？服务对象重视的价值优势是什么？通过回答这些问题就能够给基金会一个定位以及发展方向。如中国第一家基金会中国青少年发展基金会其宗旨是："通过资助服务、利益表达和社会倡导，帮助青少年提高能力，改善青少年成长环境。"截至2012年，拥有最大净资产的基金会河南省宋庆龄基金会的宗旨是："以继承和发扬宋庆龄毕生所致力的儿童文教、科技、福利事业，促进少年儿童身心健康发展；增进国际友好往来，维护世界和平；实现祖国统一为宗旨。"

1. 基金会的使命为基金会树立了明确的奋斗目标

发展中国家的非营利组织频频可见的情况是，一个组织成立后经历了快速的发展期后，很快又进入了低谷期，甚至消亡。造成这种情况的主要原因在于，基金会等非营利组织没有像企业那样明确的目标指标，导致组织缺乏长远的规划以及奋斗的动力。明确的使命为基金会非营利组织提供了奋斗的目标，并且基金会可以根据组织使命制定战略规划，以使命的完成情况成为基金会目标的完成情况的判断标准，成为基金会不断发展的动力。

2. 基金会的使命能够提高组织的凝聚力

和企业一样，基金会也存在不同的利益相关者，基金会的利益相关者包括基金会的外部人员如捐赠者、受益者、政府等，基金会的内部人员包括管理者、职员、志愿者等。但是，在基金会等非营利组织中，基金会的利益相关者并不像企业的利益相关者那样有共同的利润目标，这时对组织的使命认可或认同感成为将不同利益主体聚集在一起的重要黏合剂。明确的使命吸引各个不同领域的志同道合之士，并且在基金会的运作过程中不断地对利益相关者的不同利益进行协调，这不仅可以将外部不同团体的目标予以统一，还可以在组织内部形成强烈的归宿感，强化组织内外部的凝聚力。

3. 基金会的使命有利于组织树立明确的社会形象

如 1995 年成立的中国人口福利基金会，其使命非常明确："坚持以人为本，关注弱势群体，增进人口福利与家庭幸福，促进社会和谐与生态文明。"人口福利基金会的各项业务就在此基础上展开。人口福利基金会定位在弱势群体，在基金会成立初期，就围绕这个主题开展持续、稳定的慈善活动，如开展了幸福书屋、幸福微笑、幸福工程、创造幸福家庭、黄手环行动等项目，其中幸福工程项目在全国采取"小额资助、直接到人、滚动运作、劳动脱贫"的救助模式，截至 2011 年年底，幸福工程已在全国 29 个省、自治区、市设立了 463 个项目点，累计投入资金 8.3 亿元，救助 25 万贫困母亲及家庭，惠及人口 113 万。"幸福工程"项目因此也获得了"中华慈善奖——最具影响力慈善项目"荣誉称号。因此，中国人口福利基金会已经在社会公众中确定了稳固的形象。明确的使命，使得基金会的运作具有生命力，更容易获得公众的理解和支持，使得慈善事业的推进更为容易，这不仅仅造福社会，同时又树立起中国人口福利基金会关心公众福利与幸福、关心社会发展的正面形象，从而获得捐赠者的信任和支持。

（三）基金会的发展阶段评析

著名学者王云五先生曾经指出："个人生命有时而尽，但是基金会的功能却与时俱进；个人的理想可能一生不能实现，但是基金会制度可以使理想在未来的年月中变成事实。"中华民族虽然有乐善好施的传统美德，在发展过程中，不乏民间办学、修路建桥、散财济贫等行为，但这些行为一般是个人、家庭或乡里行为，缺乏严密的组织化和制度化，并不是真正意义上的基金会形式。我国基金会的发展可以划分为两个大的时期：一是新中国成立之前的基金会制度；二是新中国成立之后的基金会制度。具体来说，又可以分为四个阶段。

1. 新中国成立之前的基金会制度

我国出现"基金会"这种组织形式，可以追溯到 20 世纪初。其中影响我国基金会形成的重要事件就是"庚子赔款"退款事件。1904 年，中国驻美公使梁诚先生与美国国务卿就庚子赔款事件进行交涉，美国政府同意将过多的赔款"返还"给中国，但是条件是必须用这笔钱设立基金，用于"兴财育学"，并且美国政府必须直接参与基金会管理。美国强借"庚子赔款"退款设立各种文教类基金，虽然在本质上是帝国主义对中国的一种文化侵略，但是客观上对我国近代教育、基金会的发展起了一定的推动作用。因此，通常认为，现代基金会制度在中国是舶来品。一些有志之士也希望通过借鉴西方基金会的组织形式摆脱中国当时面临的社会问题，开始致力于以振兴教育、培育人才的基金会的发展，比较典型的有汉卿讲学基金、叔颖公奖学金等。

这个阶段的基金会发展特点是，虽然受当时我国经济政治的影响，发展比较艰难，但是其成立开始就借鉴西方相对成熟的基金会的经验，制度设计比较完善。

2. 新中国成立以来我国基金会的原始生长阶段

1949 年新中国成立后，我国实行社会主义计划经济体制，社会的一切方面皆是由政府包揽，致使新中国成立后发展本就不够稳固完善的基金会几乎失去了继续存在的必要。因此，在新中国成立后的 30 年间，我国基金会事业几乎处于"空白"状态。我国政治经济的发展和改革开放政策的推行，为我国基金会发展带来了新的契机和巨大的发展潜力。20 世纪 80 年代，我国诞生了两个具有重要意义的基金会：中国儿童青少年基金会和自然科学基金会。1981 年 7 月，由全国妇联、总工会共青团等 17 个全国性社会团体和单位发起并建立了我国改革开放以来的第一个民间性质的公益基金会——中国儿童少年基金会。1986 年，国务院批准成立国家自然科学基金会，它开辟了中国科学基金会的先河，各省（区、市）及政府各部门也相继设立了地方科学基金会和行业科技发展基金会，形成了一个科技发展的基金支持体系。之后，各种称为基金会的社会组织层出不穷，遍布全国各地，涉及众多领域。一些很有影响力的基金会如宋庆龄基金会、中国残疾人福利基金会也在此期间成立①。据不完全统计，截至1987年9月，我国已经建立各种相对规范的基金会共214个，其中，全国基金会33个，地方性基金会181个。这个基金会的初创阶段使我国的基金会正式登上了社会发展的舞台。

这个阶段的基金会发展特点是：首先，基金会在数量上发展迅速。由于正值改革开放和经济发展的热潮，社会改革和转型不断加速，基金会等各类社会组织喷薄而出。其次，基金会的发展缺乏必要的法律制度规范。虽然基金数量增长的速度很快，但是基金会的成立缺乏准入门槛，在营运过程中也缺乏科学的制度和组织章程的约束和管理，总体呈现一种无序、混乱的发展态势，可谓鱼目混珠，质量参差不齐。产生这种"乱"的根本原因是"无章"。因此，1988年和1989年国务院出台了《基金会管理办法》和《全国社团登记管理条例》，对基金会的发展进行规范。

3. 我国基金会的整顿规范阶段

据《理解：基金会管理条例》（2004）的说明，1988年以前的基金会和称为基金会的组织名目繁多，五花八门，迫切需要整顿，为此，国务院于1986年12月和1987年7月开会讨论基金会的问题，就此基金会的立法工作正式拉开序幕。1988年9月《基金会管理办法》的出台到2004年5月《基金会管理条例》的颁布，这一时期是基金会规范发展的阶段。《基金会管理办法》的出台，结束了改革开放后基金会的无章可循、无序发展的状况，对基金管理纳入法制轨道起到了积极的作用。但是，《基金会管理办法》不仅规定基金会的注册资金最低10万元，而且还确立了基金会的"三重管理体制"即在归口业务主管部门和民政登记部门之外，中国人民银行也有审批和管理权限，使得基金会在规范发展的同时也被限制发展。1989年，《社会团体登记管理条例》出台，由于《基金会管理办法》将基金会定义为社会团体法人，所以基金会成为民间组织中唯一同时接受两部国务院行政法规"管制"的社会组织。《社会团体登记管理条例》规定，在同一行政区域内不得

---

① 资料来源：民政部民间管理局，国务院法制办政法司. 基金会指南. 北京：中国社会出版社，2004，40.

重复成立相同或相似的社会团体，从而确立了基金会等社会团体"限制竞争"的原则。随后出台的一系列政府法规都表明，当时政府对基金会发展奉行的是控制和限制原则，如《基金会管理办法》和《社会团体登记管理条例》公布后，中国人民银行均发布了对基金会进行清查整顿的通知，1995 年中国人民银行又下发了《关于进一步加强基金会管理的通知》。

这个阶段我国基金会发展的特点是：首先，基金会的发展有了法律制度规范。《基金会管理办法》是我国第一部关于基金会的立法，《基金会管理办法》和《社会团体登记管理条例》的出台，顺应了当时基金会发展和管理工作的实际需要，它们对于规范基金会的行为，促进基金会的健康发展起到了重要的保障作用。其次，基金会的发展缓慢甚至停滞。"三重管理体制"原则和"限制竞争"原则像是我国基金会身上的两座"大山"，使得基金会的发展非常缓慢；并且在很长一段时间内，我国形成了官办基金会统一天下，民办基金会难以成立的局面。根据民政部资料，2004 年《基金会管理条例》颁布前，全国登记注册的基金会约有 1 200 家，其中全国性基金会 80 余家。[①]除了 1989 年和 1995 年成立的基金会数目较多外，其他各年的数量很少，1999 年的数量为零。

4. 我国基金会的制度完善阶段

与其他的民间社会团体相比，基金会的活动范围主要集中在教育、卫生、救灾等慈善领域，与意识形态关系不大，其活动对于政府工作来说具有很大的辅助性和补充性，因此，政府逐步采取了基金会与社会团体区别管理模式，政府对于基金会的管制是否趋向宽松。1998 年，国务院决定将基金会的审批、登记管理两项统归民政部，中国人民银行不再参与基金会管理；同年颁布的《社会团体登记管理条例》不再具体列举社会团体包含的组织类型，基金会也不再被明确包含其中。民政部和国务院也开始针对《基金会管理办法》展开修订工作。2004 年 6 月 1 日，《基金会管理条例》实施，基金会发展进入一个新的阶段。《基金会管理条例》不仅清晰地确定了基金会的法人

---

① 资料来源：民政部民间组织管理局，国务院法制办政法司. 基金会指南. 北京：中国社会出版社，2004. 11.

性质，将基金会的管理从"三重管理体制"转化为"双重管理体制"，而且还鼓励非公募基金会的发展。从《基金会管理条例》的内容来看，政府对基金会的发展持鼓励和支持态度。随后，《民间非营利组织会计制度》《基金信息公布办法》《基金会年度检查办法》《全国性民间组织评估实施办法》等相关法律法规陆续出台，为基金会的发展构建了有利的法律政策环境，从而也激发了企业和个人参与基金会发展和社会公益事业发展的积极性。目前，我国基金会相关法律法规见表3-2。

表3-2 我国基金会相关法律法规

年份	名称	内容	意义
1999	《中华人民共和国公益事业捐赠法》	共六章，确立了捐赠和受赠要求、捐赠财产的使用和管理、优惠措施和相关法律责任	规范了捐赠和受赠行为，鼓励捐赠，促进公益事业的发展
2004	《基金会管理条例》	共七章，包括基金会的定义和分类、基金会的设立、变更和注销、组织机构、财产的使用和管理、监督管理、法律责任	相比《基金会管理办法》有较多的创新内容，比较全面的规范了基金会的组织和活动
2005	《民间非营利组织会计制度》	规定了民间非营利组织的会计核算、资产、负债、净资产、收入费用、财务会计报告的内容	确定了民间非营利组织会计制度规范，促进了民间非营利组织的规范发展
2005	《全国性民间组织评估实施办法》	共二十四条，确定了全国性民间组织评估的含义、原则、参与评估民间组织的条件、评估委员会的管理、组成人员、结果表决、职责、评估专家的组成要求、评估工作程序、评估结果	规范了全国性民间组织的评估工作，促进民间组织健康有序地发展
2006	《基金会年度检查办法》	共十四条，规定了基金会年度检查的主体、对象、时间、内容、方式、结果以及年度检查不合格基金会的处理办法	加强了基金会和境外基金会代表机构的管理，并起到了监督促进作用
2006	《基金会信息公布办法》	共十六条，对基金会信息公布的义务人、格式要求、内容、时间、渠道、内部管理制度、项目信息、修改说明、监督管理主体、惩罚做了规定	规范了基金会和境外基金会代表机构信息公布活动，促进了其信息披露的发展，保护了相关利益者权益
2008	《救灾捐赠管理办法》	共七章，规定了救灾捐赠主体、救灾捐赠受赠人、救灾捐赠物使用范围、组织捐赠与募捐、接受捐赠、境外救灾捐赠、救灾捐赠款物的管理和使用、法律责任	规范了救灾捐赠活动和捐赠款物的管理，保护了捐赠人和受赠人的合法权益

年份	名称	内容	意义
2011	《公益慈善捐助信息公开指引》	共五章，规定了披露的原则、披露的内容和信息披露的时限及对象	进一步明确了信息公开的五项基本原则以及信息公开的内容，确定信息公开的时限及方式
2016	《慈善法》	共十二章，其中第八章为信息公开的法律规定，分别规定了政府部门、慈善组织、慈善信托的受托人应向利益相关者公开的信息内容	这是第一部规范我国慈善活动的大法，标志着我国慈善公益活动从此有法可依，并对慈善组织的信息披露提出更高要求

这些法律法规的颁布和实施显示了我国对基金会发展和管理的重视，在这些法律法规中，2004年《基金会管理条例》（以下简称《条例》）的颁布和实施具有特殊的重大意义。首先，《条例》产生过程的参与程度是历史少有的。与《基金会管理办法》的仓促出台不同，我国在2000年就开始启动了基金会的立法工作，《条例》反复修改、讨论，前后达四年之久，其中国际、国内讨论会达十数次之多，讨论的范围并不止于基金会本身；并且在立法调研和讨论中，坚持走"群众路线"，吸收了海内外各界人士的意见。所以《条例》的出台也为民间组织立法的共性问题提供了有益的参考。其次，《条例》在内容上虽然不够完善，但是的确有许多改进之处：第一，《条例》虽然将基金会成为和社会团体、民办非企业单位并列的三大类型的民间组织之一，没有明确基金会财团法人的地位，但是否定了1988年《基金会管理办法》社团法人的定位，也是一种进步。第二，鼓励非公募基金会的发展。《条例》对全国性公募基金会、地方性公募基金会和非公募基金会分别设了800万元、400万元和200万元的门槛。相对公募基金，非公募基金会的设立门槛较低、设立条件较为宽松，促进了非公募基金会的迅速发展。第三，《条例》从行政法规上实现了基金会从"三重管理体制"到"双重管理体制"的转变，至此取消了中国人民银行对基金会的审批权限。第四，将境外基金会代表机构纳入《条例》的管理范畴，境外基金会代表机构的设立和管理为公益事业的发展争取更多的外部支持，做了有益的政策和实践探索。

　　这个阶段我国基金会的发展特点是：第一，基金会特别是非公募基金会飞速发展。《条例》结束了我国"三重管理"和"限制竞争"的原则，使得基金会的成立相对容易，同时《条例》中新设立的非公募基金会的形式，由于其设立门槛较低，同时全国很多省份下放了非公募基金会登记管理权限，在市县级民政部门就可以注册非公募基金会，非公募基金会开始飞速发展。2011 年，非公募基金会的数量超过了公募基金会的数量。第二，建立起我国改革开放以来关于基金会的基本法律框架。该法律框架基本涵盖了基金会的各个方面，对于我国基金会制度的发展起着重要的规范作用，但是该法律框架仍存在一定的问题，如缺乏高阶位的法律；整个法律体系趋向于防弊和管制型，而非鼓励和服务型；制度之间缺乏衔接和沟通等。第三，在基金会的各项改革活动中，基金会的信息披露问题成为重点之一。《条例》之后，我国又出台了《民间非营利组织会计制度》《基金会信息公开办法》等规章制度进一步对基金会的信息披露问题进行了规范，《慈善法》明确规定县级以上人民政府民政部门应当在统一的信息平台，及时向社会公开慈善信息，同时慈善组织应该每年向社会公布财务会计报告，这对慈善组织的信息披露提出更高要求；相关部门也着手开展基金会信息披露在实践中的推进工作，如 2012 年，基金会中心网与清华大学联合研发的中基透明指数 FTI，将所有基金会的信息披露情况通过 FTI 予以量化给分，对基金会信息披露具有重要的督促作用。总之，《条例》颁布对基金会的发展具有"划时代"的意义，党的十八届三中全会之后，政府鼓励民间组织的发展，基金会存在广阔的成长空间。

（四）我国基金会的整体特征

1. 数量上发展迅速

　　2004 年以来，基金会数量一直保持着高速增长的态势，从 2004 年的 892 家增长到 2015 年的 4 784 家，平均每年增长 324 家。其中，对这一增长贡献最大的是非公募基金会。2011 年，非公募基金会的数量为 1 370 家，而公募基金会的数量为 1 218 家，非公募基金会的数量首次超过了公募基金会，其中，新成立的 414 家基金会中，公募基金会为 117 家，非公募基金会为 282 家，非公募基金会是公募基金会的 2.41 倍。从 2010～2015 年的数据来看，非公募基金会与公募基金会的差距越来越大。这一情况的出现显然与 2004 年后我国基金会法律和管理环境的变化有着莫大的关系。见表 3－3。

表 3 – 3	2010～2015 年我国基金会发展情况				单位：个	
指标	2010 年	2011 年	2012 年	2013 年	2014 年	2015 年
基金会合计数	2 200	2 614	3 029	3 549	4 117	4 784
其中：公募基金会	1 101	1 218	1 316	1 378	1 470	1 548
非公募基金会	1 088	1 370	1 686	2 137	2 610	3 198
境外基金代表机构	11	26	19	26	28	29
涉外基金会	—	—	8	8	9	9
基金会增长情况（%）	19.40	18.80	15.90	17.20	16	16.2
全年行政处罚基金会	8	11	7	4	13	16
接受捐赠情况（亿元）	203.9	219.7	305.7	302.9	374.3	439.3

资料来源：根据民政部发布的 2010～2015 年社会服务发展统计公报整理而得。

2. 基金会资产初具规模，但是仍存在一定差距

从基金会规模增长情况来看，近五年基金会每年净资产规模都保持在两位数的快速增长，年均增长率高达 14%；从基金会的资产规模分布情况来看，呈现出多样化的趋势，基金会将大小不一规模形态，有助于基金会更好发展的按规模进行功能划分，使基金会行业更具灵活性与活力。虽然基金会的资产初具规模，但是仍存在一定差距：截至 2013 年年末，全国基金会总资产已达到 1 017 亿元，但是这一数字仅相当于美国最大基金会—比尔与梅琳达·盖茨基金会资产的 1/2，全美基金会总资产规模的 1/40。并且在对全国基金会资产规模比较中发现，基金会资产规模出现显著的差异性，在 152 家净资产过亿元的基金会，净资产之和占全国基金会的 55%；在地区分布中，东部地区结合资产规模是中西部地区的 4 倍多，中西部存在大量小型基金会。基金会资产规模差异性大和地区分配不均严重了基金会发挥作用的整体效果。2011 年基金会规模分布情况见表 3－4。

表 3 – 4   **2011 年基金会规模分布**

基金会规模（原始基金）	基金会数量（个）	比例（%）	原始基金总量（元）	比例（%）
原始基金元≥2 000 万元	23	7.26	1 794 000 000	63.12
800 万元≤原始基金＜2 000 万元	17	5.36	170 000 000	5.98
400 万元≤原始基金＜800 万元	119	37.54	534 986 010	18.82
200 万元≤原始基金＜400 万元	158	49.84	343 182 800	12.07
合计	317	100	2 842 168 810	100

注：基金会数量指采集到原始基金信息的 2011 年成立的基金会数量。
资料来源：《中国基金会发展独立研究报告（2013）》。

3. 基金会活动领域逐渐多元化

政府提供公共产品只是满足大众化的需求，一些特殊领域或特殊群体的需求往往无法得到满足。基金会的重要作用在于它能将公众的需求细分化，从而满足不同群体多样化的需求。基金会活动领域的不断扩大、实现多样化，则意味着越来越多的特殊领域或特殊群体的需求得到了重视和满足。这不仅是基金会重要性的体现，也是实现民主社会中社会公平的重要基础。见表 3 – 5。

表 3 – 5   **不同年份新增加的基金会主要活动领域**

新增加的基金会	1981～1990 年新增加的基金会	1990～1991 年新增加的基金会	1991～2012 年新增加的基金会
新增加的基金会主要活动领域	残疾、医疗救助、文化、公共服务	文化、科学研究、见义勇为、青少年	医疗救助、科学研究、扶贫助困、安全救灾、科学研究、医疗救助、文化和老年人

虽然，目前我国基金会的活动已经扩展到十几个领域，但是，从 2010～2011 年的统计数据来看，教育领域是最多基金会活动的领域，如在 2011 年年末，全国共有 1 380 家基金会涉及教育领域，占全国基金会总数的 53%。

4. 收入来源比较单一

一般来说，基金会的收入来源包括捐赠收入、政府补助收入、投资收益和其他收入四种。从 2008～2012 年的数据来看，捐赠收入一直是基金会的主要收入来源，且基本都高于 80%，如 2010 年，捐赠收入占总收入的比重为87.44%，2013 年捐赠收入占总收入的比重为 84%。政府补助收入的排名仅次于捐赠收入，2008～2010年，政府补助收入均占总收入的5.83%以上，2012年达到了9%。值得注意的是，政府补助收入具有明显的倾向性，如2012年公募基金会接收的政府补助金额约为非公募基金会的7倍，大量的政府资源流入非民间背景的公募基金会中，显然有失公平。排在第三的是投资收益，由于基金会的保值增值行为缺乏政策指导、专业性指导以及积极性，投资收入占总收入的比重很低，2012年投资收益占基金会总收入的比重仅为4%。最后一名是其他收入。

我国捐赠收入占总收入绝对大的比重，说明了我国基金会在组织生存及运营方面还是依靠有限的私人慈善资源。这与美国基金会收入来源情况很不相同，以2010年美国基金会收入来源情况为例，由于美国基金会与政府之间形成了长期协作伙伴关系，美国基金会主要收入来自公共税收，占总收入的56.3%，而捐赠收入比重仅为1/3，另外，美国基金会提供服务收入比重也有9.8%。过度依赖私人的捐赠资源，有可能导致"志愿失灵"的情况，因此，基金会必须树立科学发展观，积极开展多方位的创新收入渠道。

从以上分析可以看出，我国基金会目前正处于迅速发展状态，其在我国社会生活的影响力逐渐扩大。但是，基金会的整体规模水平还无法和发达国家的非营利组织相较，这与我国基金会主要收入来源主要来自社会捐赠，但是基金会等非营利组织无法真正公开透明地获取公众的信任和支持从而激发公众积极参与到慈善事业中来有莫大关系。

二、我国基金会信息披露概述

（一）基金会信息披露的意义

追求其使命是一个非营利性组织存在的根本原因（麦克唐纳，2008）。基金会使命的完成，必须至少要满足以下条件：让公众认可或认同组织的使命；组织获得完成使命所需要的资源；组织具备完成使命的组织能力。只有通过信息披露，基金会才能让组织获得社会的认同感、信任感和组织的可持续发展。

首先，基金会通过信息披露，完成公共受托责任，提高公信力，促进社会和谐。基金会等非营利组织是弥补市场失灵和政府失灵的重要手段，是社会发展不可或缺的第三部分，其致力于改善人们生活水平，提高社会福利，致力于社会的公平、文明与和谐，致力于社会道德和社会文明的建设，是维护社会稳定建设和谐社会的重要基石，而公信力是基金会等非营利组织的生命线。基金会等非营利组织的信息披露具有创建社会公信力的作用（张雁翎、陈慧明，2007）。通过信息的公开透明，让公众了解基金会的使命以及基金会对使命的履行情况，完成各个受托责任，增强公众对基金会的信任感和认同感，提高基金会的公信力，不仅是关系到基金会自身生存和发展的问题，影响整个社会公众对社会慈善事业的信心，更是会影响社会和谐和可持续发展等重大问题。

其次，通过基金会的信息披露，拓宽基金会的资金来源，为基金会的正常运作提供保障。资金是基金会实现其公益目标正常运作的基础，资金的吸纳对基金会的生存与发展至关重要。根据《2012 年中国慈善发展指数报告》的数据，2011 年我国慈善捐赠总额 490.1 亿元，人均 36.4 元，占 GDP 的0.10%，而根据美国施惠基金会（Giving USA，2012）的提供的数据，最近十年美国捐赠占 GDP 的比重一直稳定在 2%～2.3%，由此可以看出我国慈善市场仍然有巨大的挖掘空间。为什么有能力的人不积极投入到对慈善事业的捐赠事业上来，学者们研究主要存在以下两种解释：一是中国社会公众的公益意识淡薄；二是对非营利组织的信任度不够。公益意识淡薄已经有学者从中国传统文化、近代中国过度政治化以及中国公众信仰体系危机等多个方面做出了解释，而公众对非营利组织的信任度问题只能通过基金会等非营利组织主动全面进行信息披露才能解决。基金会通过信息披露，一方面让公众了解善款的确按照其宗旨有效率的进行使用，增强公众对基金会的了解，从而进一步建立信任感，从整体上提供捐赠收入水平；另一方面基金会主动地进行信息披露，大大减低了捐赠者或潜在捐赠者的信息收集成本，降低了其交易成本，刺激了他们的捐赠欲望，并且捐赠者可以通过掌握的信息进行捐赠决策，因此，基金会的信息公开和透明也有利于慈善资金在基金会之间形成竞争机制，进而形成这些资源的合理配置和良性循环，其对于社会善款的流向具有重要的催化和引导作用。

最后,通过基金会的信息披露提高自身的管理和外界的监督水平,促进基金会自身能力建设,有利于基金会健康有序发展。基金会等非营利组织是由一群有着利他或互利主义的人为了实现一个共同的目标而结合成的一个组织,其成员的行为除了利他偏好和互利偏好以外,还具备人性的一般特征即有限理性经济人和机会主义倾向特征。信息披露的主要功能就是消除信息的不对称,提高人们的信息完全性。张纯(2007)认为,"建立信息透明和公示制度,可以使非营利组织避免制度腐败,真正将取之于民的资源和资金运用好、管理好。"基金会通过信息披露希望让外界更好地了解自己、支持自己,就势必加强自身的建设和管理,更努力地提高本组织的资金管理水平和使用效率,从而赢得社会的信任。从这个角度说,信息披露为基金会的自身管理提供了内在的动力,并且在披露自身的非财务信息和财务信息时,势必受到社会各界的询问、质疑和调查,基金会在接受各界的监督中不断提高自己,促进了基金会行业的健康有序发展。

(二) 基金会信息披露的相关法律法规评析

为了促进基金会的信息公开、规范基金会信息披露行为,我国相继颁发并实行了《基金会管理条例》(2004 年)、《基金会信息公布办法》(2005 年)、《中华人民共和国政府信息公开条例》(2008 年)、《公益慈善捐助信息披露指引》(征求意见稿)(2011 年)、《关于规范基金会行为的若干规定(试行)》(2012 年)等,这些法律法规对基金会信息披露的原则、时间、内容、监督机构、法律效力等方面做出了部分诠释。见表 3 – 6。

表 3 – 6　　　　　　　　　　我国基金会信息披露相关规定

名称	规定方面	条款	具体内容
《基金会管理条例》(2004 年)	披露时间	第三十六条	基金会、境外基金会代表机构应当于每年 3 月 31 日前向登记管理机关报送上一年度工作报告,接受年度检查。年度工作报告在报送登记管理机关前应当经业务主管单位审查同意。年度工作报告应当包括:财务会计报告、注册会计师审计报告,开展募捐、接受捐赠、提供资助等活动的情况以及人员和机构的变动情况等
	监管机构	第三十八条	基金会、境外基金会代表机构应当在通过登记管理机关的年度检查后,将年度工作报告在登记管理机关指定的媒体上公布,接受社会公众的查询、监督

续表

名称	规定方面	条款	具体内容
《基金会管理条例》(2004 年)	法律责任	第四十二条	基金会、基金会分支机构、基金会代表机构或者境外基金会代表机构有下列情形之一的,由登记管理机关给予警告、责令停止活动;情节严重的,可以撤销登记……(六)不履行信息公布义务或者公布虚假信息的
《基金会信息公布办法》(2005 年)	披露原则	第三条	基金会信息披露的原则,即真实、准确、完整,不得有虚假记载、误导性陈述或者重大遗漏。信息公布义务人应当保证捐赠人和社会公众能够快捷、方便地查阅或者复制公布的信息资料
	披露内容	第四条	信息公布义务人应当向社会公布的信息包括:(1)基金会、境外基金会代表机构的年度工作报告;(2)公募基金会组织募捐活动的信息;(3)基金会开展公益资助项目的信息。基金会、境外基金会代表机构在遵守本办法规定的基础上可以自行决定公布更多的信息
	披露时间	第五条	信息公布义务人应当在每年 3 月 31 日前,向登记管理机关报送上一年度的年度工作报告。登记管理机关审查通过后 30 日内,信息公布义务人按照统一的格式要求,在登记管理机关指定的媒体上公布年度工作报告的全文和摘要。 信息公布义务人的财务会计报告未经审计不得对外公布
《民间非营利组织会计制度》(2005 年)	披露内容	第七十条	财务会计报告中的会计报表至少应该包括以下三张报表:(1)资产负债表;(2)业务活动表;(3)现金流量表 会计报表附注至少应该包括以下内容……
《公益慈善捐助信息披露指引(征求意见稿)》(2011 年)	披露内容	第十条	第十条接受捐赠机构信息,包括机构名称、机构基本情况(年检情况、公募或非公募资质、评估结果、成立时间)、机构宗旨和业务范围、办公地址、工作电话、处理投诉的联系人及联系方式等
		第十条至第十三条	第十一条募捐活动信息,包括……第十二条接收捐赠信息,包括……第十三条捐赠款物使用信息,包括……
		第十四条	第十四条机构财务信息,包括年度财务会计报告(会计报表、资产负债表、业务活动表、现金流量表、会计报表附注、财务情况说明书)、审计报告等
	披露时间	第十五条	日常性捐助信息应在捐赠接受机构收到捐赠后的 7 个工作日内披露捐赠款物接收信息;重大事件专项信息应在捐赠接受机构收到捐赠后的 24 小时内披露捐赠款物接收信息或按有关重大事件处置部门要求的时限披露
		第十七条	公益慈善组织的年度财务会计报告应当于次年 4 个月内对外披露或按公益慈善组织登记管理机关的要求披露。

名称	规定方面	条款	具体内容
《公益慈善捐助信息披露指引（征求意见稿）》（2011年）	披露方式	第十八条	可采取多种方式披露信息，包括机构出版物（如年报、通讯等）及其官方网站、大众媒体（电视、报纸、电台、杂志等）、现场披露（如披露周、新闻发布会等）、定期以邮寄或电子邮件等形式、公益慈善项目报告、专项基金的年度报告，以及其他可行方式
	披露对象	第十九条	信息披露对象是社会公众，其中，根据捐赠人、公益慈善组织登记管理机关、公益慈善组织业务主管单位、财政、税务等部门的要求，信息披露主体应提供专门信息和报告
《关于规范基金会行为的若干规定（试行）》（2012年）	披露内容	第三部分第六条	基金会应当及时向社会公众公布下列信息：发起人，主要捐赠人，基金会理事主要来源单位，基金会投资的被投资方，其他与基金会存在控制、共同控制或者重大影响关系的个人或组织，基金会与上述个人或组织发生的交易
《慈善法》（2016年）	披露主体	第七十一条	慈善组织、慈善信托的受托人
	披露途径	第六十九条	县级以上人民政府民政部门应当在统一的信息平台
	信息披露的内容	第六十九条到第七十六条	包括基本信息、治理信息、财务信息、项目信息、动态信息等

表3-6中法律法规是目前规范我国基金会信息披露行为的主要依据。《基金会管理条例》第三十二条规定："基金会应当执行国家统一的会计制度，依法进行会计核算。"2005年《民间非营利组织会计制度》的出台实现了与《基金会管理条例》管理的配套，它对规范基金会等民间非营利组织的财务会计行为起到了重要作用。在《民间非营利组织会计制度》颁布以前，我国非营利组织的会计行为主要参照《事业单位会计准则》和《事业单位会计制度》运行，但是民间非营利组织的性质和财务活动特点与事业单位有所不同，按照事业单位会计准则和制度无法真实准确反映基金会等民间非营利组织的财务会计行为。《民间非营利组织会计制度》的颁布顺应了民间非营利组织迅速发展的需求，《民间非营利组织会计制度》并充分借鉴了我国企业会计和国际惯例的会计理念和会计处理规定，它对规范基金会的财务行为和进一步推动非营利组织的发展起到了重要作用。虽然它在内容上规定得比较完整，但是规定得不够具体和细致，导致在实际操作过程中遇到比较大的困难。

2005 年颁布的《基金会信息公布办法》是专门针对基金会信息披露行为出台的法规，共十六条，纲领性地提出了我国基金会信息公开制度，主要内容包括了信息公布义务的范围、信息公布的具体规定以及不履行信息公布义务的法律责任等。其对社会公众比较关注的信息方面做出了规定，如《基金会信息公布办法》规定必须公开包括年度工作报告、公募基金会组织募捐活动的信息以及基金会开展公益资助项目的信息。但是，我国《基金会信息公布办法》对基金会信息公开制度的法律阶位较低，框架简单，内容粗糙。在基金会的披露主体规定上，《基金会信息公布办法》只将境内外基金会作为信息公布义务人，忽略了信息披露义务人还应该包括政府等监管部门。对基金会信息公开的内容范围、方式和时效也规定得非常简略，比如《基金会信息公布办法》只规定基金会必须公开年度报告，实际上仅仅公开年度报告是远远不够的，至少还应该包括中期报告、季度报告，临时报告等，除了综合报告外，还需要有其他专业性报告如项目报告、劝募报告等；再如《基金会信息公布办法》规定基金会必须提供开展公益资助项目的信息，但是并未对提供信息内容作进一步细化的规定，也为规定提供该信息的方式、程序和时间等内容。正因为《基金会信息公布办法》存在以上问题，导致其约束力不够、操作性不强的问题。

《公益慈善捐助信息披露指引（征求意见稿）》相比《基金会信息公布办法》在规定内容更加全面具体，规定方面包括了信息披露的基本规则、信息披露内容、信息披露时限及对象。但是，《指引》不过是一个规范性文件，只具有参考性质，并不是必须遵守、具有强制效力的法律。《公益慈善捐助信息披露指引（征求意见稿）》并未对违反信息披露规定的基金会制定惩罚措施，这就导致《公益慈善捐助信息披露指引（征求意见稿）》的约束力进一步下降。同时，《公益慈善捐助信息披露指引（征求意见稿）》在具体内容的规定上尚存在争议之处，如其规定"披露信息可能危及国家安全、侵犯他人权益或隐私，以及其他法律法规规定不予公开的信息可不予公开"。这样的界定含糊，没有列举具体情形，容易为一些基金会不公开信息提供借口。捐赠信息公开是原则，不公开是例外，对于无法公开的信息，接受捐赠机构需提供相应证明材料。

由此可以看出，虽然对目前我国基金会信息披露的法律规范不少，2016年我国《慈善法》的颁布与实施标志着我国慈善公益活动从此有法可依，但是，关于基金会信息披露的相关制度规定仍不够完善。就目前的信息披露制度来看，其信息披露的内容、方式和时间等规定并不完善，整个法律法规对基金会信息披露的规范比较零散，缺乏整体性和完整性。基金会等非营利组织同样也存在"逆向选择"和"道德风险"的问题，进一步完善基金会信息披露的相关法律制度，合理科学制定基金会强制性披露的义务，能为降低基金会与社会公众的信息不对称提供制度保障。

（三）基金会信息披露质量的整体情况

1. 年检情况

政府等管制机关在基金会信息披露中扮演非常重要的角色，它们一方面通过制定并执行法律法规要求基金会进行信息披露，另一方面还将对基金会的总体或部分总体情况以及检查结果进行披露。2005 年民政部公布了《基金会年度检查办法》，基金会登记管理机关依法按年度对基金会、境外基金会代表机构遵守法律、法规、规章和章程开展活动的情况实施监督管理。《基金会年度检查办法》第七条规定，境外基金会代表机构有下列情形之一的，登记管理机关应当视情节轻重分别作出年检基本合格、年检不合格的结论：不按照捐赠协议使用捐赠财产的；擅自设立基金会分支机构、代表机构的；应当给予行政处罚的情形之一的；基金会理事、监事及专职工作人员私分、侵占、挪用基金会财产的；违反《基金会管理条例》关于基金会组织机构管理方面有关规定的。同时，官方媒介上专门设置"年检结果公示"栏，将年检结果分为合格、基本合格、不合格来反映各个基金会年检情况。本书将基金会 8 年来（2008～2015 年）年度检查结果进行统计，统计结果如表 3－7 所示。

《基金会年度检查办法》的出台在一定程度上强化了基金会的监督管理，有利于提升基金会信息披露的质量。但是，由于《基金会年度检查办法》在对基金会进行评判时的标准存在一定的主观性，在具体执行过程中容易出现问题。例如按中基透明指数（FTI）的计算方法，合规性指标的分值可以达到48.80 分，但是，基于 2011 年基金会披露的年度报告，在 2 214 家基金会，只有60.07%的基金会合规性指标披露合格，而在这接近四成披露不合规的基金会中，大部分都顺利通过了年检。由此可以看出，我国基金会年检不合格的数量可能存在严重偏低的现象。

表 3 – 7　　　　　　　　基金会 2008 ~ 2015 年年度检查结果公告　　　　　　单位：个

年份	参与年检的基金会	合格	基本合格	不合格
2008	688	591	77	20
2009	917	799	103	15
2010	874	755	111	8
2011	760	695	59	6
2012	1 193	1 102	81	10
2013	1 325	1 201	107	17
2014	1 398	1 232	146	20
2015	1 095	905	160	29

资料来源：中国社会组织网。

2. 评分情况

评分披露是由第三方检测评估体系通过设立评价体系，对基金会的信息披露情况按照评价体系进行给分加权得到一个分数，一般来说分数越高，基金会的信息披露越完善。2009 年中民慈善捐助信息中心发布了首份"年度慈善透明报告"，2011 年《福布斯》杂志中文版开始发布"年度慈善基金会透明度榜单"，2012 年基金会中心网推出"FTI 指数"，目前我国对公益慈善组织信息透明度的第三方检测体系初步形成三足鼎立之势。三家机构的标准既有共同之处，也有较大差异。见表 3 – 8。

表 3 –8　　　　　　　　　　　三家评分机构异同比较

评分机构	指标体系	对象	客观性
中民"年度慈善透明报告"	从信息的完整性、及时性、准确性和信息易得性四个维度设计了 71 项指标，采用百分制	从基金会、社会团体和民办非企业单位中按资源及影响力等抽取 500 家机构	加入了认为评价
《福布斯》透明度榜单	未公开	从中国基金会中选取年度公益支出最多的公募、非公募基金会各 200 家进行考察	未知
基金会中心网 FTI 指数	从基本信息、财务信息、项目信息、捐赠信息及内部建设信息四个维度设计了 60 个指标，总分为 129.4 分	中国所有基金会	无法受到人为因素的影响

FTI 指数由于公开其考评指标，评分结果无法受到人为因素的影响，结果具有可验性、客观性、公平性的优点，同时其评价对象是中国全部的基金会，因而更符合本书的研究范畴，因此，本书对 FTI 指数进一步作详细的介绍。

2012 年 8 月底，基金会中心网与清华大学联合研发的中基透明指数 FTI 平台的上线开通，试图以数量化的方式推动中国基金会的透明化。美国基金会中心总裁布拉德先生在书面致辞中说："中基透明指数的上线意味着基金会中心网正为中国乃至全世界的基金会行业设定了新的道德标准。"截至 2013 年 3 月 11 日，该评价系统披露了 2011 年之前注册完成的 2 210 家基金会和自愿加入榜单的 4 家 2011 年成立的基金会，其中，公募基金会 1 097 家，非公募基金会 1 117 家。中基透明指数中各基金会的分数和名次每周日均更新一次，分数越高、排名越靠前，基金会披露信息越透明。该指数不仅可以使公众和监管部门了解基金会的信息披露总体情况和排名信息，增强基金会的公信力，也可以使基金会自身了解其透明程度的排名情况，从而改善自身的信息披露水平。

中基透明指数（FTI 指数）以公开性、科学性、倡导性、民间性和国际性为设计准则，中基透明指数 FTI 总分等于 60 个指标的分数之和，满分 129.4 分，其中基本信息总分为 58.2 分，财务信息总分为 28.8 分，项目信息总分为 38 分，捐赠信息及内部建设信息总分为 4.4 分，并根据德尔菲法对不同指标赋不同权重，主要内容如表 3-9 所示。

表 3-9　　　　　　　　　中国基金会透明指数（FTI）指标

一级指标	二级指标和三级指标
基本信息	基础信息（12 个指标）、联系信息（5 个指标）、理事会信息（5 个指标）、信息化信息（3 个指标）、章程及制度（5 个指标）、年度工作报告（1 个指标）
财务信息	财务报告（3 个指标）、主要财务信息（14 个指标）
项目信息	项目信息（7 个指标）、信息化信息（3 个指标）
捐赠信息	信息化信息/捐赠人信息查询栏目（1 个指标）、主要捐赠人信息（1 个指标）

资料来源：《中基透明指数 FTI - 指标计算法详解》2013 版。

中基透明指数（FTI 指数）分数将由四个参数决定，包括指标是否披露 T_i、指标权重 W_i、信息披露渠道 S_i 和信息披露的完整程度 C_i。某家基金会的透明度分数 FTI$_n$等于单个指标对应的四个参数的乘积的合计，计算公式如下：

$$FTIn = \sum （T_i \times W_i \times S_i \times C_i）$$

其中，n 表示基金会序号（如 1，2，3，…）；i 表示指标序号，值介于 1～60；T$_i$表示第 i 个三级指标是否披露，值为 0 或 1；W$_i$表示第 i 个三级指标的权重，值范围为 1～6；S$_i$表示第 i 个指标的信息来源，来源于官网 S$_i$ 值为 1.2，来源其他渠道 S$_i$ 值为 0.8；C$_i$表示第 i 个指标信息披露完整度，值介于 0～1，完整度越高值越接近 1（该参数仅应用于主要项目信息分数的计算）。

从统计结果来看，中国基金会行业目前的信息透明度总体状况不是很理想。FTI2013 入榜的 2 214 家基金会平均 FTI 得分仅为 49.62 分，仅占总分 129.4 分的 38.35%，即行业的整体的得分不及格。有 905 家基金会的 FTI 分值低于行业 49.62 分，即 40.86% 的基金会未达到行业均值。FTI 最低得分的基金会仅得 1.6 分。1 171 家非公募基金会平均得分 50.48 分，而 1 097 家公募基金会 FTI 平均得分仅为 48.74 分。在全国 2 214 家基金会中，高达 884 家基金会的得分低于 48.80 分①，即 39.93% 的基金会合规性指标披露不合格②。

3. 行业调查情况

我国上市公司特别强调信息披露必须以投资者的需求为导向，上市公司提供的信息必须是与投资人和其他利益相关者的需求紧密相关，为投资者和其他利益相关者对上市公司的价值判断以及投资决策都能起到参考作用。我国基金会的信息披露导向存在误区，往往忽略捐赠者或潜在捐赠者的信息需求。基金会信息使用者是基金会信息披露的服务对象，满足信息使用者的信息需求是信息披露的最重要的目的。基金会信息的使用者众多，不同的信息使用者对信息需求的强度和侧重点各不相同，通过了解掌握信息使用者类型及其信息需求特点，可以更好地为构建基金会信息披露体系的设计服务。但是，根据《2012 中国慈善透明报告》的调查以及搜狐新闻公布的信息，基金会信息披露满意度很低，具体如表 3 - 10 所示。

---

① 对应《基金会管理条例》的制度要求，FTI 包含合规性指标 40 个，分别是完整版基金会年度工作报告及其包含的 39 个具体指标。只要基金会在任何渠道披露年度工作报告全文，且其中项目支出合计占公益支出的 80%，合规性指标的分值就可以达到 48.80 分。

② 数据统计来源于《中国基金会透明度发展研究报告》（2013 版）。

表 3 – 10　　　　　　　基金会信息披露满意度调查

年份		2010	2011	2012	2013
满意度		9%	8%	20%	28%
关注的信息	基本信息	44%	53%	—	—
	治理信息	36%	56%	—	—
	财务信息	73%	84%	—	—
	业务信息	79%	82%	—	—

　　资料来源：2010 年和 2011 年数据来源于《2012 中国慈善透明报告》，2012 年和 2013 年数据来源于搜狐新闻。

　　从调查的情况可以看出，虽然我国公众对慈善组织的信息公开情况表示满意的比例有所上升，但满意的比例是仍然处于较低的水平。同时，公众更加关心慈善组织的财务信息和业务信息，但是，对 1 000 家公益慈善组织样本的检测显示，慈善组织的信息公开方面，基本信息公开情况最好，业务信息次之，治理信息和财务信息最差，这与公众的需求仍有一定差距。

（四）基金会信息披露的具体内容——以中国红十字基金会为例

　　中国红十字基金会（简称中国红基会）是中国红十字总会发起并主管、经民政部登记注册的具有独立法人地位的全国性公募基金会。中国红基会是中国首批 5A 级基金会，连续三年荣膺"福布斯"中国最透明公募基金会，并且在 FTI2010 至 FTI2012 中排名均为（并列）第一名。本书将以中国红十字基金会为例介绍我国基金会信息披露的具体内容。

　　1. 财务信息

　　（1）财务报表。中国红基会披露了按照《民间非营利组织会计制度》编制的财务报表，包括资产负债表、业务活动表、现金流量表。

　　资产负债表：资产信息包括流动资产、长期投资、固定资产、无形资产、受托代理资产的情况；负债信息包括流动负债、长期负债、受托代理负债的情况；另外还包括净资产的情况。

　　业务活动表：包括各种收入、各种费用、限定净资产转为非限定净资产以及净资产变动额等内容。

　　现金流量表：包括业务活动产生的现金流量、投资活动产生的现金流量、筹资活动产生的现金流量、汇率变动对现金的影响额、现金及现金等价物净增加额。

（2）审计报告。中国红十字基金会披露了具有一定资质的会计师事务审计和注册会计师签名的审计报告。

2. 非财务信息

（1）基本信息。

组织简介：主要介绍中国红基会的主管单位，发起时间、组织性质、宗旨。

组织章程：主要包括总则（宗旨、原始基金会数额情况说明、登记机关和主管单位、地址等）、业务范围、组织机构负责人、财产的管理和使用、终止和剩余财产处理等。

组织架构：组织架构图、理事会成员的个人信息和所在单位、监事会成员的个人信息和所在单位、战略咨询委员会的成员和所在单位、筹资与增值咨询委员会的成员和所在单位、秘书处的成员和所在单位、社会监督委员的成员和所在单位。

荣誉奖项：简要列示了中国红基会获取荣誉的情况。

大事记：简要列示了中国红基会各年度的大事记。

（2）项目信息。

项目基本信息：中国红基会披露了包括红十字天使计划、博爱助学计划、社区发展、救灾赈灾以及其他的项目信息。中国红基会对目前正执行的项目信息情况进行比较详细的披露，比如红十字天使计划除了对红十字天使计划进行简要的介绍之外，还将红十字天使计划分为以下模块：改善农村医疗卫生条件、培训乡村医生、重大疾病的救助和其他几个模块。每一个模块下又分为子项目，如表3-11所示。

每一个子项目基金都能够点击进入该子项目基金的网站，该子项目基金网站介绍了子项目基金的背景、基金管理办法、捐赠情况以及资助申请情况。

项目收支情况：中国红基会公布了项目收入和支出情况，同时还公布了项目受益人数信息。

项目评估：中国红基会聘请具有一定资质的咨询公司从2011年开始每年度公布一次项目绩效评价报告，分项目对项目的资金投入金额、资金的实际使用金额和取得的社会效果进行信息公开，并据此对每个项目进行绩效评定级别。

表 3 - 11   中国红十字会项目信息

项目	子项目
改善农村医疗卫生条件	援建博爱卫生院（站）、志高掘进公益基金
培训乡村医生	乡村医生培训计划
重大疾病的救助	小天使基金、嫣然天使基金、玉米爱心基金、天使阳光基金、光明天使基金、行者基金、天使回声基金、奔跑天使基金、蓝飘带基金、幸福天使基金、成长天使基金、东方天使基金、合生元母婴救助基金
其他	京华天使基金、中国肯德基餐饮健康基金、志愿者真情基金、飞利浦爱心基金、奥运之星保障基金、西部女性阳光基金

资料来源：中国红十字会官方网站。

（3）接受捐款信息。

接受捐赠整体信息：中国红基会公布了募集善款和募集物资价值情况以及公益事业总支出情况，同时列示了满足一定金额条件的机构捐赠者和个人捐赠者的名单以及捐赠的金额。

捐赠方式信息：捐赠意愿者可通过多种方式如在线捐赠、银行汇款、邮局电汇等向中国红基会捐款，捐赠成功后，捐赠者可查询捐款到账情况。

（4）接受监督信息。

为监督项目资助款的拨付及使用等情况，了解社会收益情况，中国红基会通过委托社会监督巡察员，以项目为单位分别公布项目巡察报告和项目电话回访报告。

项目巡察报告：社会监督巡察员通过对项目的实地考察，出示的项目执行情况是否符合项目计划安排的说明，并对项目执行存在的问题和取得的效果进行总结。

项目电话回访报告：社会监督巡察员以随机抽样电话回访的方式，向回访对象了解资助相关情况，并统计公布回访概况统计表，以显示电话的回访抽样率情况和回访者满意度情况。

从以上介绍的情况来看，随着我国基金会的快速发展，政府和社会对基金会的关注度提高，基金会的管理越来越细致，同时，基金会披露的信息在广度和深度上也取得一定程度的进步。但是，目前基金会信息披露仍存在一些问题。

三、我国基金会信息披露存在的问题

（一）基金会相关法律制度不健全

基金会信息披露的正式制度应该通过制定基金会信息披露的法律法规，形成信息披露的强制规范，然后通过有关法律法规的规定，按照一定的要求和格式，完整、准确、及时地向公众公开基金会各种行为的信息。但是，目前我国对基金会信息披露的法律规范方面还相对欠缺，特别是我国目前对基金会身份定位的法律规定不够成熟，制约了基金会的发展。1987 年我国施行的《民法通则》中规定的法人包括企业法人与非企业法人，其中非企业法人由机关法人、事业单位法人、社会团体法人组成。1998 年 10 月 25 日国务院发布的《社会团体登记管理条例》第一章第二条规定："本条例所称社会团体，是指中国公民自愿组成，为实现会员共同意愿，按照其章程开展活动的非营利性社会组织。"同年发布的《民办非企业单位登记管理暂行条例》第一章第二条规定："本条例所称民办非企业单位，是指企业事业单位、社会团体和其他社会力量以及公民个人利用非国有资产举办的，从事非营利性社会服务活动的社会组织。"因此，在这段时期，基金会等非营利组织只能依据这两种条例登记成社团法人，但是，基金会这一组织是以财产为核心，理论界普遍认为是个错误，应该予以纠正（王冰，2008）。2004 年颁布的《基金会管理条例》第一章第二条把基金会定义为："是指利用自然人、法人或者其他组织捐赠的财产，以从事公益事业为目的，按照本条例的规定成立的非营利性法人。"《基金会管理条例》把基金会定义为非营利的法人，但是仍然没有明确基金会的财团法人属性。我国基金会在现行法律框架中的定位目前还无法明确，这就大大阻碍了对基金会的管理。

（二）基金会信息披露的法律规范不够完善

1. 基金会信息披露的法律层次较为单一

我国上市公司信息披露依据的法律层次丰富，主要分为四个层次：人民代表大会常务委员会通过的基本法律、国务院颁布的行政法规、中国证监会制定的部门规章、证券交易所制定、证监会批准的行业自律性规范，即存在高价位的权威性的法律，也存在阶位较低但执行力强的部门规章；而且法律法规的更新周期较短，紧密跟随资本市场变化和投资者需求对已发布的法律法规进行修订完善。与我国上市公司的强制性信息披露相比，我国基金会现行的法律法规层级比较单一，主要以行政法规和部门规章为主，法律阶位较低。虽然规范基金会信息披露的法律有《中华人民共和国公益事业捐赠法》以及 2016 年颁布并实施的《慈善法》，但《慈善法》只是为慈善组织信息公开的立法确立了一个纲领性文件，从目前的实践来看，真正规范与管理基金会信息披露的法律法规的还是以《基金会信息公布办法》《基金会管理条例》等行政法规、规章层面的法律为主。这就造成基金会信息披露适用的法律整体层次较低以及权威性和约束力较弱的困境。

2. 我国法律法规对基金会信息披露内容规定过于笼统，操作性不强

现行的法律法规对基金会信息披露内容规定得不够具体，对信息披露的范围不够详细，对信息披露的程度不够明确。而且，从目前强制性信息披露的内容来看，主要是从监管角度出发，比如其发布的年度报告和年检结果主要服务于政府的监管和统计功能，无法真正实现促进基金会自身发展和满足相关利益者信息需求的作用。虽然我国一些法律法规和部门规章对公益慈善组织的信息披露做出了规定，但是，因条文粗疏、覆盖窄而成为"花瓶规定"。[①]《公益事业捐赠法》对信息披露的规定仅有一句话："受赠人应当公开接受捐赠的情况和受赠财产的使用、管理情况，接受社会监督。"《基金会信息公布办法》也仅有短短 16 条，其规定披露的内容主要为："基金会应当向社会公布的信息包括：年度工作报告；公募基金会组织募捐活动的信息；基金会开展公益资助项目。"我国《上市公司信息披露办法》共有七十二条，其中定期报告的规定就有十一条。上市公司对信息披露要求较为详细，披露程度较深，操作性强，有利于改善公司治理情况及提高公众监督水平，而基金会的信息披露规定得较为原则，操作性较差。

---

① 基金会中心网，中国基金会透明度发展研究报告，社会科学文献出版社，2013，260.

3. 监督法律规范的缺憾

在整个基金会法人监督法律体系中，最为重要的立法当属《基金会管理条例》，《基金会管理条例》规定了登记管理部门和业务主管部门的监督管理职责（第三十四、第三十五条）、并规定了对基金会年度报告的检查（第三十六、第三十八条）、对基金会税务和会计的检查（第三十七条）、捐赠人查询监督的权利（第三十九条）、对未经登记或者被撤销登记后的基金会的监督（第四十条）、对基金会违法行为的监督以及对基金会管理层的监督（第四十三条）。以上仅仅十条就涵盖了基金会监督的七个重要方面，显然，《条例》只是做出了非常原则性的规定。《基金会年度检查办法》和《基金会信息公布办法》也对基金会的信息披露的监督制度作了进一步的补充，但是仍然存在规定不够细化、法律责任不够清晰的问题。监督制度的不够完善，导致不少基金会不明确其自身的法律责任，并且目前仅有的法规对违法行为和违规者的惩罚程度不具有足够的威慑力，致使基金会的监督机制缺乏法律依据。

我国现有对基金会信息披露管理的法律制度规定中，要么是强制披露的内容过少，要么是强制披露的制度不够权威，要么是强制披露的违规成本缺失，没有有效的强制披露制度作保障，信息披露的有效性只能是一句空话（易金翠，2012）。

（三）现行基金会会计制度规范存在缺陷

目前，我国基金会的财务会计行为主要依据《民间非营利组织会计制度》（以下简称《制度》），但是《制度》过于简单，难以发挥引导和规范基金会等非营利组织充分完整披露其财务信息的作用（刘亚莉等，2013）。在整体内容上，《制度》过于原则性，不够精细化。在实务中，《制度》在实务工作中并不能完全满足实务工作需要，比如，《制度》规定，劳务捐赠不予确认，只在报表附注中披露，影响了会计信息质量；又如《制度》对会计要素确认的标准不明确，也给实务工作带来了困扰。刘梦甜（2013）通过问卷调查，结果表明，仅有 8.3% 的组织认为目前现行的《民间非营利组织会计制度》已经完全可以满足需要，而剩下 91.7% 的组织都支持民间非营利组织会计规范进行改革①。

我国现行基金会会计规范也不够完整。国际上通用的会计规范的形式是会计准则，同时辅以公司法、税法等对会计主体的行为进行规范，而我国企业通常采用的会计准则加会计制度的模式，我国对企业和小企业分别制定了会计准则和会计制度，共同对企业不同的会计主体的行为进行规范。可是，我国基金会的会计规范没有的会计准则只有《民间非营利组织会计制度》。会计准则的基本准则通常是从原则上规范会计行为，而会计制度侧重于会计要素的确认、核算和计量的具体方法。考虑到基金会自身和所处的外界环境都在不断发展过程中，制定相关的会计准则是十分有必要的，因为制定会计准则不仅更适应其长期发展的需要，而且也是与国际会计惯例接轨的一项举措。

（四）基金会信息披露的主观意识不强

我国基金会的发展尚不成熟，自觉披露信息的意识还很淡薄。从目前发布的统计数据来看，由于相关法律不完善的制约，我国基金会存在信息披露行为动力不足的问题，导致我国基金会信息披露的质量十分不理想。FTI2013入榜的 2 214 家基金会平均 FTI 得分仅为 49.62 分，仅占总分 129.4 分的 38.35%，即行业的整体的得分不及格；有 905 家基金会的 FTI 分值低于行业 49.62 分，即 40.86% 的基金会未达到行业均值；FTI 最低得分的基金会仅得 1.6 分。在全国 2 214 家基金会中，高达 884 家基金会的得分低于 48.80 分②，即 39.93% 的基金会合规性指标披露不合格③。同时基金会信息披露还存在大量不合规的现象。例如，《基金会管理条例》第二十九条规定，公募基金会每年用于从事章程规定的公益事业支出，不得低于上一年总收入的 70%；非公募基金会每年用于从事章程规定的公益事业支出，不得低于上一年基金余

---

① 刘梦甜于 2012 年 12 月至 2013 年通过实地走访、电话沟通和网络发送问卷三种方式对在我国民政部门注册的民间非营利组织发放问卷，共发放 150 份问卷，回收有效问卷 24 份，问卷的有效回收率为 16%。

② 对应《基金会管理条例》的制度要求，FTI 包含合规性指标 40 个，分别是完整版基金会年度工作报告及其包含的 39 个具体指标。只要基金会在任何渠道披露年度工作报告全文，且其中项目支出合计占公益支出的 80%，合规性指标的分值就可以达到 48.80 分。

③ 数据统计来源于《中国基金会透明度发展研究报告》(2013 版)。

额的 8%。笔者随机查找，发现杭州市老年基金会 2009 年的总收入为 210 万元，而 2010 年的公益支出只有 2.1 万元，其公益支出仅占上一年总支出的 1%，与《条例》规定的 70% 相差甚远。同时，基金会往往高调处理正面消息，低调处理负面消息，对负面消息可能采取不披露、部分披露或延迟披露的方式。基金会自愿性披露的动力和意识存在严重不足。

（五）基金会信息披露内容不够完整

我国上市公司的信息披露非常注重披露内容的完整性：从时间上，相关法律法规对上市公司的信息披露涵盖了整个信息披露的全过程，包括信息的产生过程到信息变动过程，使得投资者对公司的信息有个系统连续的了解；从内容上，相关法律法规对上市公司的信息披露涵盖财务信息披露和非财务信息披露，使得信息使用者同时使用财务信息和非财务信息进行互相辅助理解。信息披露的充分性可以使公司和投资者都能够得到相同质量的信息，减少信息不对称程度。目前，我国基金会的信息披露主要以年度报告为依托，披露周期以年度为单位，呈现出明显的以应付年检为目的的倾向，自愿信息披露内容较少。从披露的财务信息来看，财务信息的披露仅以资产负债表、损益表和现金流量的方式呈现，缺乏报表附注、财务报告书、审计报告等必要的补充报表披露，同时财务信息忽视对基金会财务分析、绩效信息、成本信息的披露。从披露的非财务信息来说，基金会只是披露反映基金会基本情况的无关痛痒的信息，如组织名称、地址、理事会成员等，缺少体现基金会运行效率和效果的信息，例如大部分基金会只披露捐赠收入和公益支出的总额，但实际上，公众更关心捐赠收入的使用明细、项目运作的财务明细、公益支出是否效用最大化、基金会的运作效率与效果等信息。因此，基金会披露非财务信息不能帮助信息使用者进一步对基金会公共受托责任履行情况提供分析和评价基础。基金会与企业和政府不同，它们不拥有商业秘密，也不涉及国家安全机密，完全可以并且必须充分披露信息。

（六）基金会信息披露渠道效率低下

《基金会信息公布办法》第五条规定："信息公布义务人应当在每年 3 月

31 日前，向登记管理机关报送上一年度的年度工作报告。登记管理机关审查通过后 30 日内，信息公布义务人按照统一的格式要求，在登记管理机关指定的媒体上公布年度工作报告的全文和摘要。"然而，实际上，基金会对外信息披露的情况并不理想。截至 2013 年 3 月，仅有 9 家登记机构管理下的基金会在中国社会组织网上披露 2011 年年度工作报告全文，另外，北京在《法制晚报》上披露了基金会的年报摘要，上海在上海民间组织信息网披露了年度工作报告和审计报告，深圳在深圳民间管理局网站公布了基金会的年度工作报告，江西在江西省社会组织网上披露了基金会的审计报告。除此之外，有些在登记机关网站上公布基金会的年报摘要，还有 18 家民政部门没有在指定的渠道披露任何年度工作报告信息。这就促使基金会的信息披露处于随意和无序的状态①。披露渠道的分散，缺乏集中统一的平台，大大提高了信息使用者的信息收集成本，降低了信息的运用效率。2016 年颁布并实施的《慈善法》第八章第六十九条中明确指出，县级以上人民政府建立健全慈善信息统计和发布制度。县级以上人民政府民政部门应当在统一的信息平台，及时向社会公开慈善信息，并免费提供慈善信息发布服务。完善信息披露渠道，实现规范高效的信息共享势必成为目前工作的重点。我国基金会应该借鉴我国上市公司的做法，对信息披露的渠道、形式和规范对做出了统一规定，在披露过程中要求言简意赅、表述清晰易懂，避免信息使用者在不同格式规范中浪费时间和精力去查找所需信息，同时有利于将不同基金会的信息进行比较。

---

① 基金会中心网，中国基金会透明度发展研究报告. 社会科学文献出版社，2013，13.

第四章

基金会信息披露质量的影响因素和后果分析

正如第三章的分析结论，目前我国基金会信息披露存在多方面的问题。有些问题的确是由于目前基金会信息披露的相关法律制度的缺失导致的，有些问题却是由于基金会混乱的治理机制导致信息披露在执行过程中出现了问题。那么，具体是哪些治理特征变量影响了基金会信息披露质量？基金会信息披露质量的提高又会给基金会带来什么后果？本章通过数据收集，对基金会信息披露质量的影响因素和后果进行实证分析。本章实证结果既为第三章基金会信息披露问题的原因补充了定量分析，同时也为后文提出基金会信息披露制度的政策建议提供了基础。

一、基金会信息披露质量的影响因素分析

（一）相关文献基础

国内关于基金会等非营利组织的信息披露问题的研究更多地关注信息披露本身的建设以及信息披露后果上（主要是社会影响），对于信息披露质量的影响因素的研究较为少见。近年来，随着基金会负面事件的屡次爆发和社会公众关注度的提高，逐渐有学者将信息披露"结果"的研究深入到追究信息披露质量影响因素的深层次问题上。颜克高（2013）认为，我国基金会等非营利组织具有特殊性，我国基金会的成立和发展处于民政部门和业务主管

单位的双重管理体制下，理事会成员往往也与政府存在着千丝万缕的关系，这些使得我国基金会呈现出明显的具有中国特色的外部治理和内部治理的特征。政府与非营利组织这种微妙的关系，一方面使得外部权威的存在约束和影响了非营利组织的运作，使得管理人员在决策过程中拥有较少的自主权（张国生，2005），另一方面非营利组织的内部治理呈现出一定的特征，如理事及理事会的领导职务经常被作为业务主管机关领导退居二线的一种过渡或安置方式（颜克高，2013），平均年龄往往偏高。冯辉（2013）认为，中国基金会之所以在信息披露、内部治理上屡屡犯错且积重难返，一个非常重要的原因是缺少问责的压力。葛顺道等（2009）建议我国可以参照国外非营利机构的问责体系，建立适合我国法律、他律、互律和自律四个层次的基金会问责体系，即从法律、第三方监督、行业组织和完善内部治理结构等方面来构建基金会的问责体系，从而提高基金会的信息披露动力和质量。倪国爱、程昔武（2009）认为，非营利组织的公益性质和资金来源的不足是其自愿性信息披露的动机；弥补自愿性信息披露的局限是强制信息披露的主要动因，政府和法律应该对其强制性信息披露进行管制和干预。张雁翎（2007）提出通过多元化的监督机制、独立的第三方评估机构、成立专业的协助型机构、自律及自我管理四条具体措施促使非营利组织披露真实完全的财务信息，增强其社会公信力。张彪、向晶晶（2008）认为，健全财务透明度相关法规，制定非营利组织财务透明度标准，研究网络环境下财务透明度提升的技术支撑，设计财务透明度相关审计制度，有利于提升非营利组织财务透明度。

我国学者也积极尝试非营利组织信息披露质量影响因素的实证探索，但研究成果却凤毛麟角。目前的研究主要有：刘亚莉等（2013）构建了由基本财务信息、接受捐赠财务信息和受托责任财务信息组成的中国慈善组织信息披露质量评价体系，并通过 2008~2010 年 406 家基金会的数据，发现收入集中度、组织性质和管理费用与财务信息质量显著相关，并且经过进一步分类检验得出影响公募和非公募信息披露质量的因素存在差异：组织规模、管理效率与公募基金会的财务信息披露正相关；收入来源分散程度、管理效率与非公募基金会财务信息披露质量正相关。刘志明等（2013）对中国 730 家基金会的在线信息质量进行分析并建立模型，分析结果表明，组织基本信息的披露质量最好，而财务信息、项目信息和捐赠信息的披露质量很差；同时进一步探讨在线信息披露质量的影响因素，发现组织规模、理事会规模、管理效率和捐赠依赖度对基金会的在线信息质量起到积极的推动作用。

相比国内的研究，国外学者充分借助其非营利组织较为完善的信息披露平台和发达的网络技术的优势，对非营利组织信息披露质量的影响因素进行了大量的实证研究，并产生了具有较高价值的研究成果。

萨克斯顿和郭（Saxton & Guo，2011）对组织的信息披露进行了深入的分析，并提出：首先，组织选择信息披露这一行为是基于它们肩负了推动社会前进的使命和实现这一使命的战略要求；其次，组织能力和组织资源决定了组织完成使命的能力，同时也影响了信息披露的水平；再次，组织治理决定了资源是否被合理的利用、组织能力是否被合理的整合、组织策略是否被合理的执行；最后，组织运作的外部环境有助于选择进行披露和交流的策略。

戈登（Gordon，2002）借助 100 所美国高校的年度报告检验了影响外部信息披露的可衡量因素，发现组织规模、组织属性和是否由政府审计与信息披露程度显著相关，高学费和较低依赖学费收入与非财务信息披露相关，采用公司披露标准的高校将获得更大的利益。耶特曼（Yetman，2011）利用业务活动成本与总费用的比率作为财务披露的替代变量，检验了非营利组织的内部和外部治理机制对财务报告质量的影响，结论表明，现有的治理机制提高了财务报告质量，同时也提高了报告使用者对财务报告的信心。Behn 等（2010）研究结果发现债务、贡献率、组织规模和高管薪酬比例会影响非营利组织分享财务审计报告的态度。

随着网络的发展和普及，在线信息披露也成为学者关注的重点。萨克斯顿和郭（2011）构建了非营利组织在线信息披露指标体系，提出了战略、能力、治理和环境这四个因素会影响非营利组织在线披露水平，并通过浏览和调查 117 个美国社区基金会在线信息披露情况，验证了这四个因素对社区基金会的在线信息披露水平至关重要。萨克斯顿等（Saxton et al.，2012）进一步借助萨克斯顿和郭（2011）的研究成果，将战略、能力、治理和环境四大影响因素模型运用到中国台湾的医疗机构的研究中，发现组织规模、资产负债率、董事规模和董事构成均会对组织的自愿信息披露造成影响。还有学者构建了由组织信息透明、组织活动透明度、组织经济活动透明度组成的非政府组织在线信息透明度指数（IDI），通过分析西班牙的130个非政府组织的数据，证明了组织规模、公共支持力度、组织年限与非政府组织在线信息透明度指数显著相关（M. M. Ga'lvezRodrı'guez, 2012）。

通过以上文献综述可以看出，与国外丰富的实证研究相比，我国一些研究非营利组织信息披露的学者虽然已经关注到治理对信息披露的影响作用，但是，这些研究仅仅停留在规范推理层面，并未在实证论证方面予以支持。由于我国非营利组织特殊的产生背景和管理体制，导致我国非营利组织治理也极富特殊性，本章希望通过我国基金会的数据验证基金会的组织特征、内部治理特征和外部治理特征对信息披露质量的影响。

（二）基金会信息披露质量的影响因素

1. 组织特征

（1）组织规模。大量的文献资料表明，在研究上市公司自愿信息披露时，公司规模是一个重要的因素。很多学者利用代理理论研究发现，公司规模越大，披露的信息越多（Gul & Leung, 2004 等），并且学者们也验证了公司规模对公司的信息披露显著正相关（Leventis & Weetman, 2004 等）。基金会的组织规模越大，占有越多的社会资源，往往意味着其社会影响力大，受外界的关注度高，社会对其信息披露的要求越高。同时，公司规模是一个综合性的变量，它能集中概括公司的几大特性，如竞争优势，信息产生成本等，而信息披露需要承担较高的信息收集和分类成本，公司规模较大，经济实力较强的组织才有能力承担这样的成本（范德玲等，2004）。Greenlee 等（2007）发现，规模越大的非营利组织越可能设置内部审计功能，其信息披露质量更高。刘志明等（2013）研究发现非营利组织的规模正面影响了组织的技术创新能力，从而对非营利组织在线信息披露质量有积极影响。一般地，组织规模采用该组织总资产的自然对数进行衡量，因此本书提出：

假设1：基金会的组织规模越大，基金会的信息披露质量越高。

（2）组织年限。组织年限也是研究信息披露质量的一个重要变量，但是目前关于组织年限对组织信息披露质量的影响的研究结论并不一致。有些学者认为，年限越长的组织信息披露质量越高，如冈萨雷斯和卡尼亚达斯（Gonza'lez & Can~adas，2005）发现具有更长年限的非政府组织，管理者往往更倾向于改善财务信息报告。有些学者的研究却发现，组织年限与信息披露不相关，如萨克斯顿和郭（Saxton & Guo，2012）研究发现美国社区基金会的组织年限与其信息披露不相关。有些学者的研究表明，组织年限与信息披露负相关，如 Trabelsi 等（2008）认为成立不久的组织比成立很久的组织的信息不对称情况更为严重，这使得新组织需要通过增加信息的披露来弥补这一缺陷。组织年限往往被认为是具有"商誉累计"的效果，但是这种组织往往依赖其"商誉累计"而疏于利用信息披露来进一步提高声誉（Hambrick & Finkelstein，1987），新成立的组织反而更可能借助信息披露来站稳脚跟，获取市场和公众的认可和信任。所以，本书认为，组织年限与信息披露质量之间并没有必然显著关系。

假设2：基金会组织年限与基金会信息披露质量不存在显著的关联性。

（3）管理效率。涂建明（2009）利用信号理论认为，在信息不对称的情况下，有较高财务业绩和治理环境的公司，更愿意主动披露信息，传递公司良好状况的信号，同时他利用上市公司的数据验证了财务指标如管理效率指标及其变化与信息披露质量指标及其变化正相关这一观点。在基金会等非营利组织中，管理效率越高，意味着组织将更多的善款直接用于与使命相关的慈善活动中，管理效率高的基金会会更愿意通过这一信息向社会公众传递其具备高效完成受托责任能力，以达到进一步吸引公众捐赠和政府补助的目的。刘亚莉等（2013）认为，管理费用占总费用的比例越小，说明基金会大部分的支出是用在慈善项目的业务成本上，并且验证了慈善组织的管理效率与财务信息质量呈显著负相关关系。管理效率一般用管理费用占总费用的比例来衡量，管理费用占总费用比例越低，管理效率越高。

假设3：管理效率越高的基金会信息披露质量越高即基金会的管理费用率越低，基金会的信息披露质量越高。

（4）捐赠依赖度。基金会的收入来源情况也是决定基金会信息披露质量的一个关键因素。基金会的收入一般包括捐赠收入、政府补助、经营收入和投资收益。捐赠收入水平越高的非营利组织往往意味着其社会声誉越高，社会信任度也更高（Okten & Weisbrod，2000）。如果基金会组织的收入来源主要依赖于社会公众的捐赠，那么它必定要受到更高的社会关注，被要求信息披露质量也更高；同时，捐赠依赖度高的基金会占用了更多的社会资源，因此，必须承担更多社会受托责任，该基金会也希望通过披露更多的信息以更好地解除受托责任。刘志明（2014）认为，捐赠依赖度高的组织，具有更大的技术创新的压力，从而会促使组织利用新技术以提高信息披露质量。费尔布鲁根等（Verbruggen et al.，2011）的研究也证明了捐赠依赖度会正向影响组织的信息披露质量。

假设4：捐赠依赖度越高的基金会信息披露质量越高。

2. 外部治理

（1）审计。审计师对组织机构的会计信息从专业的角度提供鉴证服务，对组织机构的会计信息质量起到了一定程度的监督和担保的作用，扮演着经济警察角色。从代理理论看，独立审计被认为是降低代理成本的有效治理机制；从信号传递理论看，组织对审计师的选择往往具有重要的传递信号作用，财务状况好的组织往往选择高质量的审计师（陈丽红等，2013）。目前有关外部审计对信息披露的影响主要集中在营利组织领域，大量的文献资料表明高质量的审计师的确提高了信息披露的质量（Coulton et al.，2001；郁玉环，2012等）。随着近年基金会丑闻的频发，社会和政府对基金会的信息透明度和信息披露质量关注度提高，在基金会等非营利组织领域，审计师的作用和选择也引起了社会各界的重视。审计师执业质量良莠不齐，具有差异性，导致了审计发挥其治理效应也就具有差异性（张立民，2013）。2004年国务院颁布的《基金会管理条例》第三十六条规定："基金会、境外基金会代表机构应当于每年3月31日前向登记管理机关报送上一年度工作报告，接受年度检查。"2006年《民政部民间组织管理局关于加强全国性民间组织财务审计工作的通知》和2012年《关于进一步加强和完善基金会注册会计师审计制度的通知（征求意见稿）》分别规定"民间组织在招投标范围内选择会计师事务所"和"基金会及其登记管理机关可以通过公开招标等方式自行选聘中注协公布的上一年度全国会计师事务所综合评选前100名中的1家会计师事务所"。陈丽红等（2013）调查研究发现，61.5%的中标非"百强"事务所没有公开的网址，其中甚至有两家中标非"百强"事务所在中注协行业管理信息系统中查不到任何相关信息。民政部的评价标准非常含糊，又容易受到评审方以及投标事务所的影响，而"百强"评价指标既考虑了规模的定量因素，也考虑了质量的定性因素，相对而言，中注协的评价标准更为科学。因此，本书使用中注协规定的"百强事务所"作为审计师质量的替代变量。

假设5：审计师质量越高，基金会的信息披露质量越高。

（2）政治联系。2004年6月1日发布的《基金会管理条例》规定，基金会处于民政部门和业务主管单位的双重管理体制下，理事成员和监事成员大体来说分为业务主管部门委派和非营利组织自主选择两种来源。虽然《基金会管理条例》规定基金会理事长、副理事长和秘书长不得由现职国家工作人员兼任，但在翻阅基金会的年度报告时，仍然可以找到不少基金会的负责人是由现任国家工作人员担任，使得基金会和政府仍存在千丝万缕的关系，无法实现真正的独立。基金会负责人是否由过去或现任政府官员担任是政府对基金会进行干预的重要体现。领导人的风格往往决定了一个组织的管理风格，因此，在我国基金会特殊的产生方式和管理体制下，研究基金会领导人的背景对基金会信息披露的影响很有必要。菲斯曼（Fisman，2001）认为，政治联系是一种有价值的企业资源，企业能够从中获得各种收益。法乔（Faccio，2006）研究发现，具有政治联系的上市公司更容易获得政府援助。虽然政治联系相关研究主要基于公司，但是其研究成果同样适用于基金会。柯思宇（2013）认为，中国有很多基金会，特别是很多"老字号"的基金会，在初创时都与政府有着千丝万缕的联系，政府补助收入已成为这些基金会收入的重要来源。基金会进行信息披露的一个重要目的就是能够获得捐赠，具有政治联系的基金会比没有政治联系的基金会更容易获得政府补助，从而降低了具有政治联系的基金会信息披露的动力；同时具有政治联系的基金会，其负责人具有的政治资源和特殊的社会资本，可能会降低信息披露不作为的违规成本。除此之外，由政府官员作为基金会负责人，容易使整个基金会延续其官本位作风，降低基金会承担接受社会问责的意识。

杜兴强（2009）利用高管是否曾经在政府部门任职、曾经在军队任职、曾经在银行部门任职、曾任或现任政协委员或人大代表等来度量是否存在政治联系，鉴于我国基金会的现实情况以及基金会披露数据的可获取性，本书采用负责人中现任国家工作人员比例（现任国家工作人员数/负责人数）和高级职务人员比例（负责人中担任过省部级及以上领导职务的人数/负责人数）两项指标来度量基金会的政治联系。基于以上分析，本书提出：

假设6：政治联系越强，基金会的信息披露质量越低。

3. 内部治理

公司治理的作用在于解决代理冲突，董事会最主要的职能就是代表股东对管理层进行监管，尽量避免管理层的"逆向选择"和"道德风险"。伊志宏等（2010）以2003～2005年深交所上市公司数据，考察了产品市场、竞争公司治理和信息披露质量之间的关系，结果表明，公司治理结构的合理安排能够对信息披露产生积极促进作用。对于基金会也是如此，理事会和监事会作为基金会法定的监管机构，其特征必定会影响信息披露情况，组织的内部治理的合理安排对其信息披露也会产生重要的影响。组织的信息披露是在理事会的控制和监督下完成的，基金会内部治理结构越完善，管理层操作信息的空间越小，组织的信息披露质量就越高。本书将理事会和监事会的规模以及理事、监事的特征即年龄、是否两职合一作为基金会内部治理的替代变量。

（1）理事会规模和监事会规模。各国法律通常都会规定最低标准的董事会成员数，主要是为了避免董事会规模过小，容易出现专权，不利于决策的民主性和科学性。对于基金会等非营利组织来说，由于其使命与任务的复杂性，非营利组织理事会的规模普遍比企业董事会规模大（彼得·德鲁克，2007）。奥尔森（Olson，2000）认为，规模大的理事会会增加与外界的交流以促进筹资。约翰和森贝特（John & Senbet，1998）认为，随着理事会规模的扩大，会产生交流、合作和决策的问题，从而降低了监督和管理效率，这时会促进理事会成员披露更多的信息以方便外部利益相关者进行监管，从而减轻理事会本身的监管压力。加莱戈等（Gallego et al.，2009）以及萨克斯顿和郭（Saxton & Guo，2011）证明理事会规模与在线信息披露显著正相关。穆尔塔扎（Murtaza，2011）指出，规模大的理事会对信息披露更感兴趣，因为信息披露被认为是维护组织声誉的一种机制。据此，本书推断理事会规模会促进基金会的信息披露质量的提高。

与公司一样，基金会也设置监事，并列席理事会会议，辅助理事会决策和对基金会各项活动进行监督。我国基金会的监事大部分为兼职，与基金会管理层关联度很小，且监事的背景多为法律、财务、计算机等背景的专业人士，基金会的监事更像是上市公司的独立董事（柯思宇，2013）。在非营利组织的法律和捐赠者等外部监督相对于公司的外部监督较弱的条件下，基金会的内部监督制衡显得格外重要，监事会规模越大，监督作用越强，代理问题越能得到较好的控制（张立民、李晗，2013）。监事能在一定程度上防御管理层的机会主义行为，督促基金会的信息披露；同时，基金会的监事为了维护自身形象，也会提高信息披露及时性和准确性，进而提高组织信息披露质量。

大量的学者在研究公司或非营利组织时使用董事会（理事会）人数来衡量董事会（理事会）规模。同样，监事会的规模也可以以监事的数量来衡量。因此，本书提出：

假设7：理事会、监事会规模越大，基金会信息披露质量越高。

（2）理事和监事特征。年龄作为管理者的一个重要特征在公司治理研究中常常被研究讨论，并得出了有价值的结论。我国基金会理事及理事会的领导职务经常被作为业务主管机关领导退居二线的一种过渡或安置方式（颜克高，2013），平均年龄往往偏大。一个人的年龄既可以反映其过去生活工作经验，也能够体现其承担风险、接受新鲜事物的程度。彭和魏（Peng & Wei，2007）认为，年龄越大的管理者更倾向于选择较保守的企业战略；何威风、刘启亮（2010）研究发现，年龄大的管理者更不愿意承担财务风险。信息披露不仅仅使组织要承担信息收集整理和发布等的人力、物力成本，还要面临信息披露带来的诸如竞争劣势和行为约束所带来的风险（张雁翎，2007），年龄较大的理事和监事往往只求"无过"不求"有功"，从而缺少信息披露的动力。伴随着互联网的快速发展，特别是新媒体时代的到来，由于易获取性、低成本等优点，网络已经成为非营利组织进行信息披露的重要渠道（刘志明等，2013），借助网络技术进行信息披露也成为将来的趋势。汉布里克等（Hambrick et al.，1984）研究发现，管理者年龄的增长会导致其部分认知能力及变通能力的降低。所以理事和监事的年龄越大，越缺乏对组织进行信息披露的动力同时也较不善于采用信息披露的网络新技术。基于此，本书提出：

假设8：理事、监事的平均年龄越大，基金会信息披露质量越低。

（3）两职合一。在公司治理研究中，将董事长和总经理由同一个人来担任称为两职合一。在基金会中也存在两职合一的现象，即理事长或副理事长和秘书长由同一个人兼任。理事会是基金会的最高决策机构，承担界定组织使命，制定组织战略规划等职能，对组织绩效负有最终的责任。秘书长执行理事会做出的决策，负责基金会日常运作管理，并对理事会负责。理事长和秘书长两职合一意味着决策监管者和执行者为同一主体。虽然，两职合一可以在一定程度上降低代理成本（Fama & Jensen，1983），但两职合一会使秘书长等高层执行人员的权力过度集中，无法充分发挥理事长对秘书长的监督和控制职能，严重削弱理事会监督秘书长等管理人员的有效性。福克（Forker，1992）以及古尔和梁（Gul & Leung，2004）认为，两职合一使得管理层的行为不受监管，管理层比较容易对公司利润进行操纵，降低公司信息披露水平。于团叶等（2013）认为，当董事长和总经理为同一人直接影响了董事会的信息监督作用，且由于利益趋同，董事会成员可能与管理层合谋，促使企业虚假披露或减少信息披露的程度。综上所述，当作为决策机构负责人和基金会日常运作管理的负责人两职合一时，容易导致专权，给基金会信息披露质量带来不利的影响。于是本书提出：

假设9：理事长和秘书长两职合一时基金会信息披露质量越低。

除此之外，萨克斯顿（Saxton，2012）的研究中还发现负债水平会影响基金会信息披露的水平，他们用资产负债率衡量组织的负债水平，发现资产负债率对非营利组织的信息披露质量有显著影响。因此，本书在研究中将基金会的资产负债率作为控制变量。

（三）基金会信息披露质量影响因素的实证分析

1. 研究样本及数据收集

笔者通过浏览基金会的官方网站、中国社会组织网基金会子站以及《中国基金会透明度发展研究报告》，手工收集了全国性基金会 2010～2012 年 3 个年度的数据，其中，全国公募基金会 91 家，全国非公募基金会 103 家，共582 个观测值。删除信息不全或拥有异常值的样本，最终得到一个包含 364 个观测值的非平衡面板数据。

2. 解释变量

解释变量以及解释变量的量化指标如表 4 - 1 所示。

表 4 - 1　　　　　　　　　　　　被解释变量相关定义

影响因素	变量名称	变量代码	变量定义
组织特征	组织规模	lnTOTASS	资产总额的对数
	组织年龄	AGE	组织成立的年限
	管理效率	ADMIN	管理费用占总费用的比率
	捐赠依赖度	CONCEN	捐赠收入占总收入的比率
外部治理	审计质量	AUDITOR	审计事务所为百强事务所取值为1，否则为0
	政治联系	POLITI_ A	负责人中现任国家工作人员比例（现任国家工作人员数/负责人数）
		POLITI_ B	高级职务人员比例（负责人中担任过省部级及以上领导职务的人数/负责人数）
内部治理	两职合一	DUALITY	理事长或副理事长兼任秘书长取值为1，否则为0
	理事会规模	SIZE_ B	理事人数
	理事平均年龄	AGE_ B	理事平均年龄
	监事会规模	SIZE_ S	监事人数
	监事平均年龄	AGE_ S	监事平均年龄
控制变量	资产负债率	DEBT	总负债/总资产

3. 被解释变量

萨克斯顿和郭（Saxton & Guo，2011）基于公共受托责任构建了非营利组织在线信息披露体系，该体系从财务信息、绩效信息、鼓励相关利益者加入和互动交流来衡量非营利组织信息披露质量。我国学者刘亚莉等（2013）构建了由基本财务信息、接受捐赠财务信息和受托责任财务信息组成的中国慈善组织信息披露质量评价体系。FTI 值是通过基金会的基本信息、项目信息、财务信息和捐赠信息的披露情况，并以信息披露渠道作为权重计算而得，其考虑了组织的基本信息、财务信息，又通过捐赠信息和项目信息披露绩效信息的情况，同时并以信息披露渠道作为权重，考虑了基金会与相关利益者互动交流的效率，因此，本书 FTI 值作为基金会信息披露质量 INFOQULI 的替代变量。本书分别对 2010～2012 年的 FTI 值进行手工收集，FTI 值的描述参照本书第三章第二节。

4. 建立模型

根据以上分析，本书建立以下模型：

$$INFOQULI_t = \beta_0 + \beta_1 AGE_t + \beta_2 \ln TOTASS_t + \beta_3 ADMIN_t + \beta_4 CONCEN_t$$
$$+ \beta_5 AUDITOR_t + \beta_6 POLITI\_A_t + \beta_7 POLITI\_B_t + \beta_8 DUALITY_t$$
$$+ \beta_9 SIZE\_B_t + \beta_{10} AGE\_B_t + \beta_{11} SIZE\_S_t + \beta_{12} AGE\_S_t$$
$$+ \beta_{13} DEBT_t + \varepsilon \tag{4.1}$$

5. 实证结果

（1）描述性统计。表 4 - 2 是对相关变量的描述性统计，从表 4 - 2 中可以得到，INFOQULI 的均值为 81.279，达到了 48.80 的合规性指标的分值。进一步分析可以看出在全国性基金会中，有 91.48% 的样本达到 48.80 分以上，有 4.396% 的样本没有 INFOQULI 值，其中，4.945% 的基金会即 18 家基金会的 INFOQULI 值为满分 129.4。组织年龄和组织规模的均值分别为 12.431 和 13.701。在全国性基金会中接受百强事务所审计的比例为 55.9%，说明有 1/2 左右的基金会并按规定对审计师进行选择。在基金会的内部治理中，秘书长由理事长或副理事长兼任的比例为 35.7%，两职合一的现象较为严重。从理事会规模来看，理事规模的平均数是 16.096 人，最小值为 6.195，最大值是 25，这表明不同基金会的理事规模存在较大差异，但是符合《基金会管理条例》第二十条基金会设理事会理事为 5～25 人的规定。相比理事会规模，监事会规模普遍不大，均值为 1.832，最大值为 6，最小值为 1。从理事和监事年龄看，理事的平均年龄为 54.758 岁，监事年龄的均值约为 53.449，理事和监事的年龄普遍比较高。从政治联系来看，负责人中现任国家工作人员数比例 8.3%；负责人中担任过省部级以上领导职务的人数的均值约为 29.9%。

（2）相关系数表。从皮尔逊相关系数矩阵来看，理事会和监事会治理变量之间的相关系数的绝对值大部分小于 0.4，变量之间多重共线性的可能性很小（见附录）。

表4-2　　　　　　　　　　　　样本描述性统计

变量	均值	标准差值	最小值	最大值
INFOQULI	81. 279	23. 518	38. 24	129. 4
AGE	12. 431	8. 888	1	32
lnTOTASS	13. 701	5. 110	4. 04	21. 172
ADMIN	0. 556	7. 945	0	1
CONCEN	0. 763	0. 333	0	1
AUDITOR	0. 559	0. 497	0	1
POLITI_ A	0. 083	0. 264	0	2
POLITI_ B	0. 299	0. 599	0	5
DUALITY	0. 357	0. 480	0	1
SIZE_ B	16. 096	6. 195	0	25
AGE_ B	54. 758	6. 925	33. 71	73. 75
SIZE_ S	1. 832	1. 031	1	6
AGE_ S	53. 449	7. 945	33. 5	75
DEBT	0. 041	0. 129	0	1. 214

（3）回归结果。回归结果如表4-3所示，回归结果 F 检验是统计显著的，表明模型的线性回归关系成立，并且总样本模型调整的 R^2 达到了22.4%，表明模型拟合度较好。

表4-3　　　　　　　　基金会信息披露质量影响因素回归结果

解释变量	预期符号	回归系数	T 值	标准误
AGE		0. 103	0. 61	0. 171
lnTOTASS	正	1. 046 **	2. 54	0. 412
ADMIN	负	- 6. 843 **	- 1. 98	3. 453
CONCEN	正	11. 973 ***	3. 46	3. 458
DUALITY	负	3. 626	1. 42	2. 549
SIZE_ B	正	0. 498 **	2. 24	0. 222
AGE_ B	负	- 0. 423 **	- 2. 29	0. 185
SIZE_ S	正	5. 397 ***	4. 53	1. 191
AGE_ S	负	- 0. 557 ***	- 3. 15	0. 177
AUDITOR	正	- 2. 16	- 0. 83	2. 597

解释变量	预期符号	回归系数	T 值	标准误
POLITI_ A	负	− 12. 105 ***	− 3. 05	3. 968
POLITI_ B		0. 928	0. 63	1. 476
DEBT		− 4. 860	− 0. 91	5. 357
截距		95. 557 ***	7. 60	12. 567
F 值		8. 52 ***		
调整 R^2		0. 224		

注：* 、* * 、* * * 分别表示在 10% 、5% 、1% 的水平下显著。

假设 1 和假设 2 分别期望组织规模与基金会信息披露质量正相关，组织年限与基金会信息披露质量不相关，假设 1 和假设 2 分别得到了验证。同样，假设 3 与假设 4 也得到了验证。

假设 5 期望选择百强事务所进行审计会提高信息披露的质量。但是结果显示，百强事务所的选择与基金会信息披露质量不显著相关。这与有些学者的观点一致：上市公司聘请的审计师质量与自愿性信息披露水平并没有显著的相关性（Eng & Mark，2003）。审计作为重要的外部治理机制的组成部分，对基金会的行为会产生重要的影响，审计师质量的差别也会导致审计行为对组织本身的引导方向、约束程度和审计结论的差别。本书中百强事务所对基金会的信息披露质量的关系不显著，可能的原因如下：（1）审计师质量对基金会的影响可能并非起到立竿见影的作用，其影响可能是滞后的。审计作为外部治理机制的重要组成部分并不像内部治理机制那样，如果基金会做出政策调整，会立刻反映在执行层面，直接对基金会的行为造成影响。审计往往是事后审计，组织一般是在会计年度末对审计师进行选择，此时基金会的信息披露行为基本已经确定，选择质量不同的审计师已很难对基金会行为造成影响。但并不是说审计师的质量不会影响基金会的信息披露质量，如果一个基金会长时间选择质量高的审计师时，审计师会不断对基金会进行良好的引导和监督，提供有价值的审计意见，以改善基金会的财务状况，从而提高基金会信息披露的意愿，并提高会计信息披露质量，给基金会的信息披露行为带来良性循环。（2）百强事务所是中国注册会计师协会推动事务所做大做强的重大战略之一，其中一个重要的标准就是注册会计师的数量，但由于大部分注册会计师的知识结构以营利组织会计知识为主，他们主要的业务也多以营利组织的审计业务为主，缺乏足够深入的非营利组织审计的专业知识和工作经验，所以百强事务所对基金会的影响并未达到预期效果。（3）由于事务所对基金会的审计往往是免费的或收费远远低于市场价，同时审计事务所对基金会的审计风险要远远低于对公司的审计风险，这也导致了审计师懈怠的心理，审计达不到预期效果。

假设 6 是对政治联系对基金会的信息披露质量的影响提出假设。假设采用负责人中现任国家工作人员比例和高级职务人员比例两项指标对基金会的信息披露质量带来消极影响，其中现任国家工作人员比例对基金会信息披露质量带来消极影响这一结论得到验证，但是高级职务人员比例对基金会信息披露质量的影响结果并不显著。原因主要在于高级职务人员比例衡量的是负责人中担任过省部级及以上领导职务的人数占负责人数的比例，随着这些人职务的卸任，其特殊的政治资源、社会关系面临迅速老化的可能，所以其高级职务人员比例对基金会信息披露质量的影响不显著。

假设 7、8、9 是内部治理对基金会的信息披露质量的影响提出假设。其中理事会规模和监事会规模与基金会信息披露质量正相关，理事会平均年龄和监事会平均年龄与基金会信息披露质量负相关的假设分别得到了验证。但是理事长或副理事长与秘书长两职合一对基金会信息披露质量的关系并不显著，没有达到预期的效果。主要原因可能是：（1）样本中，关于理事长或副理事长与秘书长两职合一的信息存在大量缺失，有些样本甚至出现乱码，所以样本本身存在信息不准确的可能性很大。（2）我国基金会虽然有分别设立秘书长和理事长等不同的职务，但是在实际工作中理事长和秘书长的权责界限很模糊。因此，秘书长和理事长形式上是否两职分离对基金会的信息披露质量的影响并不显著。

本节对信息披露质量的影响因素进行了分析，并利用 2010～2012 年全国性基金会的数据为样本，对影响基金会信息披露质量的四大因素：组织的基本特征、组织的外部治理、组织的内部治理与基金会信息披露质量的关系进行实证研究，研究结论基本符合预期。本节的结论为基金会等非营利组织科学地设置基金会的外部治理机制、内部治理机制和处理好政府与基金会的关系提供了依据，合理安排这些影响因素能够为提升基金会信息披露质量起到积极的促进作用。

二、基金会信息披露质量后果分析

阿克洛夫（Akerlof，1970）认为，卖方比买方对商品拥有的信息更多，买方对其要购买的商品的质量优劣充满不确定性。为了弥补这种信息的不对称，卖方对"好商品"和"坏商品"均按平均价价格进行定价，这会导致"坏商品"的价格被高估而出现过量供应和"好商品"的价格被低估而供应不足，即"柠檬市场"。结果，买方担心购买到比实际价值低的"坏商品"而停止购买，使得整个市场的销量下降了。阿克洛夫（1970）发现高质量商品的卖家虽然要承担传送信息的成本，但是他们仍然会通过传送信号（如承诺、信誉等）减轻信息不对称性，因为传送信息所带来的好处（如商品价格提高）往往大于成本。财务会计报告等信息披露的重要作用在帮助对组织进行分析和评估（Parsons，2003），目前对投资者和债权人如何使用财务报告等信息以及信息披露产生后果的研究主要集中在营利部门，而对在非营利部门财务报告等信息如何在慈善捐赠中起作用的研究相对较少。在营利部门，企业往往通过提高信息披露质量来争取投资者的投资行为，同样在基金会等非营利部门，提高基金会的信息披露水平，不仅仅提高社会公众对基金会的了解程度，增强社会公众对基金会的信心，也提高了基金会的社会公信力，吸引类似企业投资者"投资行为"的"捐助行为"（Parsons，2003），引导和改变捐赠者的捐赠决策。目前的研究表明，基金会的信息披露不但引导捐赠者对捐赠资源进行合理的分配（Parsons，2003），而且对捐赠的竞争已经成为非营利组织自律的主要机制（Thornton & Belski，2010）。

（一）相关文献基础

帕森斯（Parsons，2007）认为，检验会计数据对财务信息使用者特别是捐赠者是否有价值是十分重要的：一是由于美国非营利组织的规模和经济的重要性；二是非营利组织的会计师要明白捐赠者如何使用财务报告进行捐赠决策的，就像企业会计师明白投资者如何运用财务报告进行投资决策一样；三是在营利和非营利部门，准则制定者对给财务报告使用者提供最有用的信息非常感兴趣，所以会计研究者们应该在非营利背景下检验会计报告的有用性；四是非营利组织的资金筹集者、官员和理事应该关注如何利用会计信息告知潜在捐赠者慈善机构使用捐赠的情况。安东尼（Anthony，1983）和彻尼等（Cherny et al.，1992）认为，当潜在捐赠者在审查非营利组织的财务信息时，他们最感兴趣的是反映非营利组织效率和效果的信息。特拉塞尔和帕森斯（Trussel & Parsons，2008）认为，财务报告使用者和会计准则制定者希望会计报告能提供更多信息以有助于他们进行决策，并研究发现在财务报告反映的组织效率、稳定性的财务指标以及信息数量指标、信息质量指标能够显著影响捐赠。

戈登等（Gordon et al.，1999）提出，组织资金的用途、可支配收入、宗教信仰和个人笃信利他主义是影响是否捐赠的因素，但是，一旦捐赠者决定要进行捐赠，会计报告信息可以帮助捐赠者进行选择特定的机构进行捐赠。帕森斯（Parsons，2007）通过实验研究关于捐赠者对财务信息和非财务信息的关系进行检验，发现提供给过去捐赠过的已捐赠者财务报告能够显著提高已捐赠者的捐赠意愿，并且实验参与者认为非财务信息披露对慈善捐赠的决策也非常有用。萨克森等（Saxon et al.，2011）通过研究认为信息网络披露可以向潜在的和现有的捐赠者发出关于组织运营效率、可信度、受托责任和经营成果方面的信息，从而有利于捐赠者对基金会进行评估，从而做出理性的捐赠行为。

韦斯布罗德和多明格斯（Weisbrod & Dominguez，1986）推断可获得的信息的数量会影响捐赠者的决策，并建立了影响个人捐助的三个因素的模型即捐赠价格、组织年限和筹资费用。后续很多关于非营利组织捐赠行为的研究都是基于韦斯布罗德和多明格斯（1986）所提出的模型发展起来的。彼得罗维奇等（Petrovits et al.，2011）利用1999～2007年27 495家公共慈善组织的数据，实证检验了捐赠者、政府机构和其他主要资金来源直接或间接地对非营利组织的内部控制信息做出反应；在控制了目前捐赠水平和其他影响捐赠的因素外，结果证明了财务报告中披露的内部控制的缺陷与下一期的捐赠显著负相关。刘亚莉等（2013）检验慈善组织财务信息披露质量对下一年度捐赠收入的影响，结果显示，公募子样本中总体财务信息披露质量对捐赠收入有显著影，但在非公募子样本中，总体财务信息披露质量的影响并不显著。张爱明等（2014）认为，非营利组织的信息披露可以改善组织的筹资情况，并对上海市浦东新区部分非营利组织进行了一次小规模问卷调查，发现外部捐助者获得财务信息的难易程度与组织是否能筹集到足够的资金之间显著正相关。

Rostamy（2007）对信息透明度对公共组织带来影响的内在逻辑进行了分析，并进行实证调查，结果证明，公共组织由于提高了组织诸如政治、绩效、民主等各方面透明度，使得公众对公共组织的满意程度提升，进而增强公众的信任度和组织的公信力。

基于以上文献回顾和分析，本书提出假设10。

假设10：基金会信息披露质量越高，基金会的捐赠收入越多。

（二）基金会信息披露质量后果的实证分析

1. 模型的建立

国外关于非营利组织捐赠的实证研究成果非常丰富，而国内对非营利组织捐赠实证研究才刚起步，如表4-4所示。

表4-4　　　　　　　关于非营利组织信息捐赠的实证研究介绍

作者	数据	变量
Weisbrod & Dominguez（1986）	美国	PRICE、lnFR、AGE
Posnett & Sandler（1989）	英国	lnPRICE、lnFR、lnAGE、ln（AGE × FR）、lnLEG、ln-GOV、lnAI
Callen（1994）	加拿大	lnPRICE、lnFR、lnAGE、ln（AGE × FR）、lnLEG、ln-GOV、lnAI
Tinkelman（1998）	美国	lnPRICE、lnFR、lnAGE、RATE、lnGOV、lnPREV、lnOTH、lnTOTASS
Tinkelman（1999）	美国	lnPRICE、lnFR、lnAGE、lnGOV、lnPREV、lnOTH、lnTO-TASS
Khanna & Sandler（2000）	英国	PRICE、FR、lnAGE、LEG、GOV、AI
Marudas & Jacobs（2004）	美国	lnPRICE、lnFR、lnAGE、lnGOV、lnPREV
Trussel & Parsons（2007）	美国	1/PRICE、FRRA、TOTASS GOVRRA OTHREV、NETIN、CONCEN、MARGIN ADMIN、FRCONT

作者	数据	变量
Parsons（2007）	美国	FININFO、SEA、BOTH、PRIDON、FININFO × PRIDON、BOTH × PRIDON
Marudas & Jacobs（2007）	美国	lnPRICE、lnFR、lnAGE、lnGOV、lnPREV、lnTOTREV
Marudas et al.（2012）	美国	lnADMIN、lnFRRA、lnFUND、lnFR、lnGOV、lnPRICE、lnPREV、lnAGE、lnWEALTH、lnTOTASS
刘亚莉等（2013）	中国	INFOQULI、ADMIN、lnFR、AGE、lnTOTASS、AREA、IN-DUST、PUBLIC
张爱民（2014）	中国	ININFO、EXINFO
谢晓霞（2014）	中国	CONCEN、DONRA、GOVRRA、INVERA、TOTAS、NETIN

注：（1）ADMIN 为管理费用/总费用；AGE 为组织年限（国外文献组织年限是指从获得免税资格至今的时间长度；国内文献指的是从组织成立至今的时间长度）；AI 为自主收入（包括投资收入、租金、项目服务收入和其他收入）；DON 为捐赠；DONRA 为捐赠收入/总收入；FR 为筹资费用；FRRA 为筹资费用/总费用；GOV 为政府补助；GOVRRA 为政府补助/总收入；LEG 为遗产；PREV 为项目服务收入；OHT 为（自主收入－项目服务收入）；LEG 为遗产；OHT 为自主收入减去项目服务收入之差；PRICE 为总支出/项目支出；PROG 为项目支出；RATE 为"更好的事务局委员会"的信用排名；TOTASS 为总资产；TOTREV 为总收入；WEALTH =（净资产－永久限制性净资产）/（总费用－筹资费用）；MARGIN 为（总收入－总支出）/总收入；FRCONT 为筹资费用/公益支出；FOUND 为筹资费用/捐赠收入；CONCEN 收入集中度；INVERA 为投资收益/总收入；NETIN 为净资产/总收入；FININFO 为财务信息；SEA 为是否收到关于过去服务和成绩的信件；INFOQULI 为信息披露质量；INNFO 为项目资助人获取财务报告的难易程度；EXINFO 为外部捐助者获得财务信息的难易程度。（2）谢晓霞（2014）将反映不同费用比例、收入集中度信息、反映收入来源结构信息、资产总额及净资产比例信息四个方面的 18 个财务指标与捐赠进行回归，由于篇幅关系，文中只显示回归结果显著的财务指标。

借鉴国内外各类经济因素对捐赠的影响的研究成果，结合我国目前基金会可获得的数据情况，除了信息披露质量变量之外，本书还将组织规模、组织年限、捐赠价格、管理费用率和筹资费用纳入模型中。

（1）组织年龄。在无法充分获得非营利组织的其他信息时，对于捐赠者来说，组织年限和组织规模这两个显性特征往往就成为捐赠者进行捐赠决策的重要依据。组织年限越长，意味着这个组织有丰富的管理经验，有竞争力的产品和较强的生命力。但是，成立不久的组织往往比成立很久的组织更具活力和创新能力，并且年轻的组织将更有可能利用网络来履行其问责机制萨克斯顿和周（Saxton & Chao，2011）。贝内特和劳伦斯（Bennett & DiLorenzo，1994）认为，成立不久的非营利组织在筹资能力上还未达到规模效益，并且还需要花大量的努力在与捐赠者之间建立关系。萨克斯顿和周（2011）却认为，由于年轻的组织会更积极地与外界或捐赠者联系以消除信息不对称。特拉塞尔和帕森斯（Trussel & Parsons, 2007）认为，组织年龄是信息数量的其中一个替代变量，成立时间较长的组织意味着组织传送了更多数量的信息从而提供捐赠者的捐赠水平；马鲁达等（Marudas et al., 2011）建立了通过选取不同的变量建立了四个不同的模型，检验不同变量对捐赠的影响，结果显示，在四个模型中，组织年限与捐赠呈现负相关关系。所以目前关于年限对捐赠收入的影响结论并不一致（刘亚莉等，2013）。

（2）组织规模。规模大的组织，更加注重自身的社会形象和声誉，往往更具有良好的社会形象和可信度。张尔升等（2010）认为，规模大的组织，社会信任水平高，与社会的沟通可能性就大，与外部合作的机会就大，从而提高自身的竞争力和筹资能力。廷克尔曼（Tinkelman, 1999）用组织规模作为信息披露质量的代理变量，他发现规模小的组织价格弹性更低，并且认为这是真的，因为捐赠者认为规模小的组织的财务报告比较不可靠。特拉塞尔等（Trussel et al., 2004）认为，规模小的组织和规模大的组织相比在信息收集和准备财务报告方面更缺乏经验。Marudas 等（2012）建立了最"苛刻的模型"（the best parsimonious model），发现组织规模即资产的对数对捐赠具有正向影响。

（3）捐赠价格。韦斯布罗德和多明格斯（Weisbrod & Dominguez, 1986）将慈善组织的捐赠价格定义为捐赠者为受益者获得 1 美元的收益而付出的成本，两种因素会影响捐赠价格：一是由于存在税收抵扣，对于 1 元的捐赠价格捐赠者实际支付的价格少于 1 元；二是非营利组织并非将所得捐赠全部使用在慈善服务上，还会用于一般管理支出、管理费用和筹资费用上。如果不考虑税收抵扣的影响，捐赠者为慈善组织提供的 1 美元的慈善支出必须支付的价格大于 1 美元，因为不是所有的支出只用于慈善项目。捐赠价格被定义为项目支出比例的倒数（Weisbrod & Dominguez, 1986; Callen, 1994; Tinkelman, 1998）。这些研究表明，更有效率的非营利组织相对低效率的非营利组织来说会将更多的捐赠用于慈善支出。巴伯等（Baber et al., 2001）和罗伯茨等（Roberts et al., 2003）将项目支出比例即项目支出占总支出的比例作为捐赠价格的替代变量。巴伯等（2001）认为项目支出率表明了非营利组织筹资策略。

（4）管理效率。管理效率是对组织的管理水平进行量化衡量的一个重要手段。李洁（2011）研究发现，营运资本管理效率影响了公司绩效水平和盈利能力。管理费用率在很多研究中作为管理效率的衡量标准，管理费用率越高，说明管理效率越低。格林利和布朗（Greenlee & Brown，1999）利用1992～1994年美国700家非营利组织的数据发现捐赠者更偏好具有低管理费用率的非营利组织。帕森斯和特拉塞尔（Parsons & Trussel，2003）证明了管理费用率与捐赠显著负相关。弗鲁姆金和基姆（Frumkin & Kim，2001）研究发现，那些报告较低管理费用率、看起来管理效率高的组织较容易提高筹资收入。雅各布和马鲁达斯（Jacobs & Marudas，2009）发现管理费用率和捐赠价格与捐赠显著负相关，并且管理费用率增加1%，捐赠将会下降0.12%。

（5）筹资费用。韦斯布罗德和多明格斯（1986）认为，广告是非营利组织向潜在捐赠者传递信息的一种方式，并且他们认为在筹资上所做的努力和广告是为同样的目标作出的努力。廷克尔曼（Tinkelman，1999）认为，筹资支出可以作为捐赠者可获得信息的代理变量。韦斯布罗德和多明格斯（1986）和廷克尔曼（Tinkelman，1999）的研究结论都证明了筹资费用和捐赠总额显著正相关。波斯奈特和桑德勒（Posnett & Sandler，1989）在韦斯布罗德和多明格斯（1986）模型上加入了政府补助和自主收入两个变量，利用英国的数据，证明了在四个行业中的三个行业，个人捐赠与筹资费用正相关，与捐赠价格负相关；在所有四个行业中，筹资费用总效应显著为正。康纳和桑德勒（Khanna & Sandler，2000）在波斯奈特和桑德勒（1989）模型基础上加入遗产变量，进一步证明了波斯奈特和桑德勒的结论。

基金会的潜在捐赠者在进行捐赠决策是职能获取上一年度的财务报告及非财务信息辅助决策，因此，建立以下模型：

$$\ln DON_t = \beta_0 + \beta_1 INFOQULI_{t-1} + \beta_2 AGE_{t-1} + \beta_3 \ln TOTASS_{t-1}$$
$$+ \beta_4 PRICE_{t-1} + \beta_5 ADMIN_{t-1} + \beta_6 \ln FR_{t-1} + \varepsilon \qquad (4.2)$$

2. 样本选择

笔者通过浏览基金会的官方网站、中国社会组织网基金会子站以及《中国基金会透明度发展研究报告》，手工收集了全国性基金会2010～2012年3个年度的数据，剔除信息不全或拥有异常值的样本，最终得到一个包含111家基金会222个观测值的平衡面板数据，数据均为手工收集。模型中的解释变量和被解释变量如表 4 - 1 所示。

3. 描述性统计

表 4 - 5 是相关变量的描述性统计，报告了除了模型中解释变量和被解释变量之外还包括捐赠、总资产和筹资费用各变量的总体特征，其中信息披露质量、组织年限、规模、管理费用率等变量与表 4 - 2 中结果相似。信息披露质量的均值为 84.722，超过了合规性指标的分值为 48.80 分，样本整体信息披露质量较高。捐赠价格均值为 1.094，符合韦斯布罗德和多明格斯（Weisbrod & Dominguez，1986）推断的捐赠者对慈善机构提供 1 美元产品所捐赠的金额必须大于 1 美元即捐赠价格大于 1 美元的说法。基金会接收捐赠的金额均值为 8 010 万元，最高达到 14.2 亿元，最低为 0，说明各基金会捐赠收入差异很大。基金会的筹资费用的均值为 30.629 万元，最高的基金会筹资费用（清华大学基金会）竟然达到了 1 940 万元。

表 4 - 5　　　　　　　　　　　各变量描述性统计

变量	均值	标准差	最小值	最大值
lnDON	15.811	4.218	0	21.07
INFOQULI	84.722	23.821	46.67	129.4
AGE	12.896	8.655	1	31
lnTOTASS	14.225	4.971	6.298	20.793
PRICE	1.094	0.138	1	2.311
ADMIN	0.052	0.042	0	0.225
lnFR	2.254	2.440	0	7.287
DON	8 010	17 500	0	142 000
TOTASS	8 920	18 600	543.336	107 000
FR	30.629	152.860	0	1 940

注：由于篇幅限制，DON、TOTASS、FR 等以万元为单位进行报告。

4. 相关系数

表 4 - 6 是变量间相关系数的 Pearson 检验。捐赠收入与基金会的信息披露质量、组织规模、捐赠价格、管理费用率、筹资费用均显著相关，并且信息披露质量、组织规模和筹资费用与捐赠呈显著正相关，捐赠价格和管理费用与捐赠呈显著负相关，与研究结论一致。各变量之间的相关系数的绝对值

大部分小于0.4，变量之间多重共线性的可能性很小。

表4-6　　　　　　　　　　　　变量间的 Pearson 系数

变量	lnDON	INFOQULI	AGE	lnTOTASS	PRICE	ADMIN	lnFR
lnDON	1.000						
INFOQULI	0.345***	1.00					
	(0.000)						
AGE	-0.060	-0.062	1.000				
	(0.372)	(0.361)					
lnTOTASS	0.216***	0.1643**	0.524***	1.000			
	(0.001)	(0.015)	(0.000)				
PRICE	-0.140**	-0.207***	0.126*	-0.006	1.000		
	(0.039)	(0.002)	(0.064)	(0.927)			
ADMIN	-0.258***	-0.111	0.240***	0.051	0.484***	1.000	
	(0.000)	(0.102)	(0.000)	(0.452)	(0.000)		
lnFR	0.288***	0.239***	0.149**	0.220***	0.108	-0.020	1.000
	(0.000)	(0.000)	(0.026)	(0.001)	(0.112)	(0.765)	

注：***、**、*分别表示数据在1%、5%、10%的水平上显著。

5. 回归结果

表4-7是基金会信息披露质量对捐赠收入影响的回归结果。从模型整体来看，总样本模型调整的 R^2 达到22.58%，表明模型拟合度较好。表4-7中还报告了在国内外研究中发现的能对捐赠收入产生影响的其他因素。组织年限的系数显著为负，这与马鲁达斯等（Marudas et al.，2011）的研究结论一致。组织规模的系数显著为正，说明组织规模越大的基金会，存在社会信任水平高的优势，同时具有较强的资金实力与外界进行沟通，更容易获得捐赠支持。捐赠价格的系数虽然和预期的一样为负数，但是结果并不显著。管理费用率的系数显著为负，说明捐赠者倾向于对管理效率高的基金会；筹资费用的系数显著为正数，说明基金会花费更多在为基金会宣传和打广告，的确起到了提高捐赠的效果。虽然影响潜在捐赠者的捐赠决策的因素有很多，但是本书关注的是信息披露质量对捐赠的影响。从回归结果来看，基金会的信息披露质量的系数显著为正，信息披露质量的提高的确促进了捐赠者的捐赠

意愿，有利于提高基金会将来的捐赠收入。

表4-7　　　　　　　　　基金会信息披露质量对捐赠收入影响的回归结果

解释变量	预期符号	回归系数.	T值（P值）
INFOQULI	正	0.034***	3.21（0.002）
AGE		-0.065*	-1.87（0.063）
lnTOTASS	正	0.171**	2.46（0.015）
PRICE	负	-0.039	-0.04（0.966）
ADMIN	负	-18.328	-2.26（0.025）
lnFR	正	0.137***	3.47（0.001）
截距		11.767***	6.88（0.000）
F值		16.37***	
调整 R^2		0.226	

注：*、**、***分别表示在10%、5%、1%的水平下显著。

　　为了使研究结果更有说服力，删除了有经济意义但回归结果并不显著的变量——捐赠价格，进一步作稳健性检验，发现各变量的回归结果基本一致，整体拟合度有所提高，达到24.97%。AGE、lnTOTASS、PRICE、ADMIN、lnFR的系数和T值分别为：-0.065和-1.86、0.191和2.72、-21.616和-2.68、0.156和3.81。信息披露质量对捐赠的影响系数和T值均有所提高，系数和T值分别为0.040和3.68。

　　结论表明，捐赠收入作为基金会的主要来源其受到基金会本身属性如年限和规模的影响，同时也受到基金会资金使用状况如管理费用率和筹资费用的影响。控制了影响捐赠的这些因素以外，本节就中国基金会信息披露对捐赠的影响进行了定性和定量分析，内容证实了基金会的信息披露质量的确会对基金会将来的捐赠收入产生影响，为我国基金会信息披露对捐赠的影响提供了实证研究证据，同时为国家未来制定基金会信息披露法规提供了一定的理论参考，也为基金会如何创造自身条件赢得更多的社会信任与捐赠提供有益的思路。

第五章

基金会信息披露制度的国际经验借鉴

从第三章与第四章的分析可以得出，我国现有的基金会信息披露不够完善，笔者认为应该将完善信息披露制度和健全基金会的治理有机地结合起来，以提高基金会信息披露质量。充分了解和借鉴国际上先进的非营利组织信息披露制度，是一种成本较低、成效较快的改善我国基金会信息披露机制的重要途径。从国际上看，基金会主要依托两大法系：公益信托制度和财团法人制度。英美法系通过公益信托制度实现，并以税收优惠为核心，注重实用性。美国是当今世界上基金会规模最大、组织最多的国家，英国是世界上最早颁布慈善会计准则的国家。日本等大陆法系将基金会定位为"财团法人"，其法律体系完整，概念精准。美、英、日三国的非营利组织信息披露制度仍有许多值得我国借鉴和参考的地方。

一、主要国家基金会信息披露制度经验

（一）美国非营利组织信息披露制度

1. 美国会计准则对基金会信息披露的相关要求

美国的基金会信息披露已经形成较为规范的体系。美国非营利组织会计准则的制定主要通过区分不同的组织类型或区分不同业务予以规范。按照财务会计基金会（Financial Accounting Foundation, FAF）的分工，不同类型的

非营利组织分别受到财务会计准则委员会（FASB）的会计准则、政府会计准则委员会（GASB）的会计准则和美国注册会计师协会（AICPA）的行业审计和会计指南的制约。

（1）财务会计准则委员会（FASB）。为了更好地制定和完善财务会计和报告的准则，FASB在1973年成立。FASB在成立时，其工作任务并不仅仅定位为企业制定会计规范，AICPA当时也将FASB确定为是"一个有权制定会计准则的机构"，将FASB的权力提至"高于某些政府与非营利组织会计准则委员会所拥有的权力"（《非营利组织会计问题研究》课题组，2001）。但是，由于FASB在成立初期主要精力都集中在企业会计准则的研究和制定上，为了专门研究和制定州和地方政府及其举办的非营利组织的会计规范，GASB于1984年成立。GASB与FASB并列隶属于财务会计基金会FAF，成为独立的会计准则制定机构。目前，在美国基金会等非营利组织的会计规范方面，GASB和FASB的职责范围的界限是清楚的，即FASB制定企业和非政府举办或私立非营利组织的会计规范，而GASB制定政府和公立非营利组织的会计规范。其中，FASB制定的会计准则分为三类：第一类是专门适用于企业，非营利组织不适用的会计准则；第二类是企业和非营利组织同时适用的会计准则；第三类是专门针对非营利组织制定的会计准则。FASB针对非营利组织，发布的主要会计准则有：

①SFASNo. 4《非营利组织财务报告的目标》；

②SFASNo. 6《财务报告的要素》；

③SFASNo. 93《非营利组织折旧的确认》；

④SFASNo. 116《捐赠收入和捐赠支出的会计处理》；

⑤SFASNo. 117《非营利组织的财务报表》；

⑥SFASNo. 124《非营利组织持有特定投资的会计处理》；

⑦SFASNo. 136《向非营利组织转让资产或为他人募集或持有捐赠的公益信托》；

⑧SFASNo. 164《非营利组织的兼并和收购》。

（2）政府会计准则委员会（GASB）。1984年，为了进一步加强政府与公立非营利组织会计和财务报告准则的研究工作，GASB成立。GASB为了使公立非营利组织的会计规范与私立非营利组织之间的会计规范能够更好地比较和借鉴，在制定公立非营利组织会计规范时也尽可能地注重两者的协调和一致性。但这不意味着，公立非营利组织可以使用 FASB 制定的会计规范，当然也不意味着私立非营利组织可以使用 GASB 制定的会计规范。如 FASB 于 1987 年发布第 93 号会计准则公告"非营利组织折旧的确认"，要求非政府所办的高等院校报告折旧。但 GASB 即在 1988 年制定发布的第 8 号会计准则公告"FASB 会计准则公告第 93 号'非营利组织折旧的确认'对某些州和地方政府主体的适用性"中申明："高等院校与其他政府主体，不应当由于 FASB 第 93 号会计准则公告'非营利组织折旧的确认'的发布而改变他们对固定资产折旧的会计和财务报告的方法。"GASB 每年都会汇总编制《政府会计与财务报告准则汇编》，这样美国政府与非营利组织的会计规范能够追踪和遵循最新的规定。

（3）AICPA 的行业审计和会计指南。20 世纪 60 年代中期美国注册会计师协会（AICPA）开始成为非营利组织制定会计准则的中坚力量。AICPA 主要通过颁布审计和会计指南或行业审计指南的方式，对非营利组织的会计实务进行规范。在 FASB 第 117 号准则公告颁布之前，AICPA 颁布的主要文件有：《自愿健康与福利审计指南》（1966 年颁布、1974 年修订）、《大专院校审计指南》（1973 年）、《医院审计指南》（1972 年颁布，1985 年修订）、《第 78~10 号立场公告——特定非营利组织会计原则与报告实务》（1978 年）、《保健服务提供审计指南》（1990 年）。GASB 在其 1984 年 7 月发布的第 1 号会计准则公告《NCGA 会计准则公告和 AICPA 行业审计指南的权威地位》中指出：AICPA 制定发布的《州和地方政府审计》具有权威性。FASB 在 1979 年第 32 号准则公告《AICPA 立场公告及其会计审计指南中特殊的会计与报告原则和实务》中宣布对 AICPA 的立场公告、会计准则、审计指南所涉及的具体会计和报告原则及实务承担责任。1996 年，AICPA 的《会计与审计指南——非营利组织》将 FASB 的第 116 号、117 号以及 124 号准则公告融合在内，并对准则的实施给予指导，该指南适用于所有民间非营利组织。

2. 美国基金会信息披露内容

美国的慈善事业能够取得如此辉煌的成就，其信息披露发挥着极其重要的作用（樊子君等，2013）。美国基金会的信息披露机制十分健全，这主要归功于美国以税法为主的法律法规体系。享有税法特权的美国基金会等非营利组织被要求公开披露财务、经营活动等信息，以便接受政府和社会的监督。除了一些自动获得免税资格的组织外，其他组织想要获得免税资格需要填写国税局1023表申请501（c）（3）免税资格。基金会如果想维持其免税资格，不仅要建立透明的财务管理制度和内部控制制度，每年公布其年度报告，披露其受资助的情况以及通过审计的财务报告，以达到税务法规关于信息公开的要求，而且还需每年向国税局提交填写完整的关于其财务状况和活动状况的990表。社会公众可以直接向这些非营利组织或国税局索要复印件。随着近年来非营利组织网络数据库如Guide Star的建立，使得信息的获得更加的便利①。之前的990表在信息的可靠性、可比性和执行程序的有效性都存在着缺陷，并且随着990表在网上获取的便利性，带有这些缺陷的990表更加容易蔓延开来，从而误导捐赠者（Oonagh B. Breen，2013）。2008年，国税局对990表在财务报告标准上做了修订，极大程度上完善了1979年以来990表的缺陷，修订后的990表强调的是有效的信息披露。本书将通过介绍1023表和990表以此作为了解美国基金会信息披露内容的"敲门砖"。

美国国内税收法典是美国慈善法律法规体系中最重要的法律，它对慈善组织的信息披露、监管和治理起到了至关重要的作用。美国国内税收法典将美国的基金会分为由个人或组织发起的私人基金会和公共基金会。990表适用于年收入超过25 000美元的公共基金会，而990-PF表则适用于私人基金会。年收入低于2.5万美元的公共基金会不需要提交990表，但是需要向国税局提交电子版的年度报告，年度报告除了本组织无须填写990表的证明外还包括基金会的通信地址、网址、纳税身份号码、首席执行官的姓名和住址等信息（饶锦兴，2011）。

（1）1023表。1023号免税申请表根据国内税收法典第501（C）（3）条款所制定，修订的几个版本没有多大变化，主要内容如下：

第一部分，申请组织的基本信息。

---

① http://www.GuideStar.org.

第二部分，申请组织的活动和运作（共 14 个问答题，并要求附说明材料）。

①宗旨和主要活动/服务内容；

②资金来源；

③筹款计划；

④理事会成员，负责人姓名、地址，理事会成员间是否有亲属关系、工作率属关系，是否是政府官员或由政府官员提名；

⑤是否受另一组织控制，是否与政治竞选组织有财务关系；

⑥是否与其他营利性组织有财产转移关系；

⑦是否对其他组织负有财务责任；

⑧资产是否自用，是否租用场地；

⑨是否在两年内受惠于免税债券；

⑩是否由其他组织或合同人员来管理；

⑪是否为会员组织（提交会员组织章程和会费标准；招收会员资料、会费交换的服务）；

⑫是否向提供服务或物品资助的个人收取费用（如是，提交收费标准文件），是否为某些特殊群体提供特殊服务（如是，提供特殊群体的选择标准）；

⑬该组织是否有意影响立法（如是，提供所花费时间和费用的比例）；

⑭该组织是否参与政治选举，包括印发竞选资料。

第三部分，技术问题。

通过是否回答判断该组织属于哪类慈善组织，如学校教育、医疗、教会、基金会、公共支持率测试等。

第四部分，财务数据（申请组织须填报 1~3 年的财务数据报表）。

此外，还需提供以下文件：在州政府登记注册为非营利组织的文件；董事会或理事会名单；董事会讨论通过的宗旨和服务内容；组织管理章程；宣布就业、公平服务的申明。

（2）990 表和 990-PF 表。以 2013 版的 990 表和 990-PF 表为例，990 表和 990-PF 表均长达 12 页，以 990 表为例，主要包括以下内容：组织的基本信息，如名称、地址、主要业务、雇主识别号码、电话号码等信息。

第一部分，概述。

①活动及治理情况。其中包括组织使命、治理机构投票人数、独立的投票人数、2013 年人员人数、志愿者人数、非主营业务收入、非主营应税收入的情况；

②收入情况。包括受赠情况、项目服务收入、投资收入、其他收入、总收入；

③支出情况。包括捐赠支出、工资福利支付、筹资费用、其他支出、总支出；

④净资产或基金余额情况。包括总资产、债务、净资产或基金余额。

第二部分，签名区。主要是对 990 表所填资料的真实性和完整负责所进行的签名程序。

第三部分，主要项目情况。对目前正在进行的项目进行说明，并要求列出主要项目的相关信息。

第四部分，符合条件的审查清单，共 38 项，53 小条，详细判断组织的各项业务活动和财务指标是否符合免税资格。

第五部分，关于其他国税局申报和税务合规声明，共 14 项，共 35 小条。

第六部分，治理、管理和信息披露。

①治理机构，共 9 项，共 12 小条；

②政策，共 7 项，共 13 小条；

③披露情况，考察信息的可获得性、渠道等，共 4 项。

第七部分，官员、董事、受托人、关键员工、最高报酬员工、独立承包人的报酬情况。包括这些成员的姓名、职位、每周工作时间、报酬以及在其他组织相似职位的报酬。

第八部分，收入表。包括捐赠收入、项目服务收入、其他收入等。

第九部分，职能费用表。包括项目支出费用、管理费用、筹资费用。

第十部分，资产负债表。列明资产、负债、净资产或基金余额的详细信息。

第十一部分，净资产调节表。对资产或净资产的数据进行调整。

第十二部分，财务报告。对财务报告进一步的审查，如核算基础、是否经过审计等。

尽管990表为谋求减免税赋编制的报表，但内容中充满了对组织营利活动和非营利活动的区分、成员是否从该组织及其相关组织中获利情况、对关联交易、对内部人员控制、防止非营利组织通过其他组织转移利润等活动的制约精神。

除了国税局以及会计准则对美国基金会等非营利组织的信息披露进行规定外，其他的中介机构也会对基金会的信息披露内容作具体的规定，比如BBB明智捐赠联盟（Better Business Bureau Wise Giving Alliance）对非营利组织的年报要求，既对其财务信息的披露有详细的规定要求，也对其非财务信息披露有详细的规定要求。

（二）英国非营利组织信息披露制度

英国对慈善组织的管理注重效果，抓大放小是英国慈善组织管理的原则，目的是在管理好大型慈善组织的基础上，放松对小型慈善组织的规制，促进其发展，以发挥其在为基层和民众提供公共服务方面的作用（王名等，2009）。根据慈善委员会（The Charity Commission of England and Wales，CCEW）2010～2011年度报告，在注册的18万家慈善组织中，最大的1%的慈善机构占了总收入的68%，3/4的慈善组织的年收入少于10万英镑。英国慈善组织提交的报告要求根据组织的规模类型区分，年收入小于25万英镑（2008年之前，这个标准是10万英镑）的非公司慈善组织（Unincorporated charity）只需使用较为简单的收支账户，收入超过25万英镑的慈善组织和所有的慈善公司（charitable company）必须使用权责发生制的会计基础并遵循慈善委员会制定的推荐实务公告（SORP）。当慈善组织的总收入在25 000～500 000英镑就必须接受独立检查，年收入超过50万英镑的慈善组织就必须接受审计。所有注册的年收入超过25 000英镑的慈善组织还向慈善委员会提交受托人年度报告（trustees' annual report，TAR），受托人年度报告主要是描述慈善组织的使命以及过去一年的慈善活动情况，使得受托人可以通过定性描述的方式更好的解释组织的财务情况以及出现的问题，从而有利于履行问责责任。从 2005 年开始，年收入超过 100 万英镑的组织还必须提交"总体情况回顾"（summary information return，SIR），作为对执行情况的总结。该表概况了慈善组织的主要目标，活动和成就，对影响组织绩效的因素提供信息。

1. 英国慈善委员会（Charity Commission of England and Wales，CCEW）

非营利组织信息披露方面，英国主要采取行政监管的模式，采取强制信息披露。英国慈善组织监管制度的最大的特色是设有一个专门的监管机构即英国慈善委员会，它是英国政府的特设机关，是一个独立机构，也是慈善组织监管的核心部门。慈善委员会对慈善组织的监督和所披露的慈善组织的信息都极大地促进了英国非营利组织发展的规范化。英国慈善委员会主要行使以下四个法定职责：登记注册、向慈善组织提供信息和法律政策等方面的支持、对慈善团体进行监督、对慈善机构的不当行为和错误展开调查。慈善委员会的目标是（根据 2013～2014 年年度报告）：

公信力目标——提供公众对慈善机构的信任和信心；

公共受益目标——提高慈善组织对公众受益的理解和意识；

合规性目标——通过受托人执行控制和管理慈善组织的法定义务提供其合规性；

慈善资源目标——提供慈善资源使用的效率性；

问责目标——提高慈善组织对捐赠者、受益者和公众的问责义务。[①]

英国慈善委员会并不对慈善组织进行直接的管理和运作，而是通过对慈善组织行使监督权来实现其目标。慈善委员会要求慈善组织每年需提交两份报告：年度报告和财务报告。前者要提供明确的证据说明组织的成就和计划，在政策上要明确指出资产保留、投资和资金发放的情况，在风险方面，要明确陈述回顾的情况，以及减少重大风险的措施；后者要求在开支方面有明确的分类，特别是对募集资金的成本有明确的划分，在基金上要有明确的划分，记账要合规，并对任何不规则的行为进行披露；对于大型组织，一律要求实行推荐实务公告（accounting statement of recommended practice，SORP）。同

---

① The Charity Commission Annual report and accounts 2013～2014.

时，慈善委员会定期对大型民间组织进行风险评估、资产评估和财务评估，并与其他相关的政府部门密切配合进行相关调查和联合执法。对于违规操作或出现腐败行为的民间组织，慈善委员会有权撤销其托管人理事会，并限期组建新的托管人理事会。对于大型民间组织，慈善委员会设立审计与财务年度检查制度进行重点监管。

2. 英国推荐实务公告

为了便于相关利益者和审计人员对报表的使用，英国财务报告准则理事会（Accounting Standards Board，ASB）负责制定的财务报告准则适用于英国的非营利组织和企业组织，并要求强制执行。在特定的行业或领域，为了财务报表的有效性，则可以使用由财务报告准则理事会所认可的推荐实务公告 SORP。推荐实务公告比财务报告准则低一层次，推荐实务公告发布前需经财务报告准则理事会批准，推荐实务公告生效后也同样要求强制执行。

以 2005 版的 SORP 为例，2005 版的 SORP 是在根据当时颁布的财务报告准则，由慈善委员会制定发布的。英国的慈善组织分为小规模慈善组织和一般慈善组织，SORP 指出如果慈善组织不是按公司法成立，收入不超过 10 万英镑，且没有使用权责发生制账户，这时该慈善组织可以选择使用简单的收付实现制，该慈善组织不需要遵循 SORP；但是如果该慈善组织使用权责发生制账户，无论是哪种类型的慈善组织，都必须要遵从 SORP。权责发生制是执行 SORP 的基础。SORP 提供了使慈善机构能解释它们的目标、如何达到这个目标和已经完成的目标的框架。在 2005 版的 SORP 中，其描述的目标是：（1）改善慈善组织财务报表的质量；（2）提高会计信息的相关性、可比性和可理解性；（3）提供会计准则的分类和解释以及在慈善组织和慈善组织特殊交易的应用；（4）协助需要填写受托年度报告的主体。见表 5 - 1。

值得注意的是，受托人的年度报告是 SORP 中的重要内容，受托人的年度报告主要报告无法在财务报表反映的信息，如组织架构、组织治理与管理等，与财务报表共同构成慈善组织完整信息披露。除此之外，财务报表附注也提供了重要的补充内容，报表附注特别重视成本、支出信息的披露，SORP

要求慈善组织按活动对成本进行分摊计算，并在附注中披露各种活动特别是慈善活动的具体成本。

表 5 - 1 　　　　　　　　　　　　　　**2005 版 SORP 内容**

引言	生效期；目标；使用范围；受托人年度报告目标；如何使用 SORP；SORP 和相关法律；账户结构；财务信息摘要；受托人年度报告
受托人的年度报告	慈善组织；受托人和顾问的管理；结构；治理和管理；目标和活动；成就和绩效；财务回顾；未来计划
一般会计原则	基本会计概念；会计准则；独立基金会计（包括限定收入基金；非限定基金；养老金；收益和损失；基金的净变动额；特殊的个人基金和会计说明）；分支机构
财务活动说明	描述基金的收入和支出情况的单独的一张报表，包括收入来源（设立基金收入、慈善性活动收入和其他收入）；支出（包括设立基金成本、慈善性活动成本、管理成本、其他资源支出）；基金间的转换；其他确认的收入和支出；基金的净变动额
资产负债表	资产负债表介绍；资产负债表结构；资产负债表内容（固定资产；无形资产；继承性资产；投资资产；项目相关投资；流动资产；流动负债和长期负债；固定收益养老金计划的资产/负债；股本储备；重估储备；养老金储备）；资产负债表的其他事项（保证金；金融衍生工具信息披露；或有资产和负债；贷款）
现金流量表	遵循英国财务报告准则第 1 号 FRS1
会计政策披露	账户的编制基础；特殊政策（收入政策说明，支出政策说明，资产政策说明；基金结构政策说明；其他政策说明）
简要财务信息和报表	汇总财务报表；简要财务信息（可包含除法定财务报表之外的其他财务信息，对某特殊活动或领域进行分析）
特殊部分	子公司的合并（目标和范围、慈善组织子公司、合并方法、账户申请、信息披露）；合营、联营企业会计（关联企业的鉴定方法；合营、联营企业会计方法；信息披露）
附录	专业术语；使用的会计准则；慈善基金的类别；关于临界值；小规模慈善组织会计；慈善组织会计审查委员会成员

资料来源：Accounting And Reporting By Charities：Statement Of Recommended Practice（revised 2005）。

（三）日本非营利组织信息披露制度

日本公益法人制度改革的最大特点就是按照法律制度、税制、会计三个方面同步的方针进行。

1. 特定非营利组织活动促进法

日本的《民法》将法人分为公益法人和营利法人，《公益法人的设立、许可及指导监督基准》中规定政府主管机关（主务官厅）负责公益法人的设立和监督。公益法人的成立采用许可制即由主管机关拥在相关法律规定的基础上决定是否批准，由于有关许可的标准没有明确的规定，这就使得主管机关拥有比较大的自由裁量权，使得公益法人的成立十分困难。日本的有识之士开始逐步地提出应该对公益法人制度进行改革，但是由于涉及《民法》的修改而未能付诸实施。阪神大地震之后，日本各方意识到公益不能仅仅依靠政府而应该尽量依靠民间力量，激发民间的活力和积极性。因此，《特定非营利组织活动促进法》在民间人士和国会议员的共同起草以及社会公众的共同关注下于 1998 年产生了，《特定非营利组织活动促进法》的重要意义在于打破了法人在成立时的行政障碍，开始对法人申请采取认证制，简化了法人的登记程序，维护了非营利组织的独立性。《特定非营利组织活动促进法》的颁布使得众多市民活动团体可以轻而易举地获得法人资格，同时它通过加强信息披露的规定对非营利组织进行监管，如《特定非营利组织活动促进法》中规定非营利组织负有说明的责任，经由非营利组织的说明，民众得以了解非营利组织的经营与运作情形；同时非营利法人需要公开自身的资讯（事业计划书、收支预算表、资产负债表、业务报告书及财产目录）以获取民众的信赖。

《特定非营利组织活动促进法》的颁布大大推动了日本非营利组织法人的发展，但是公益法人制度本身仍需要改革，以消除社团法人和财团法人行政色彩浓、信息不公开、公益性较差等方面的弊端。因此日本进行了公益法人制度改革，经过近十年的努力，2006 年 6 月日本国会公布了《关于一般社团法人以及一般财团法人的法律》（简称《一般法人法》）、《关于公益社团法人以及公益财团法人认定等法律》（简称《公益法人法》）、《伴随实施关于一般社团法人以及一般财团法人的法律以及关于公益社团法人以及公益财团法人认定等法律、有关相关法律完善等法律》（简称《相关法完善法》）三部法律（简称《公益法人制度改革关联三法》），并且在 2008 年 12 月 2 日前实施。其中，《公益法人法》的第五条分别从公益目的、能力要求、活动限制、事业比率、法人治理和信息公开等方面设置认定基准的 18 个要件，从而将成立法人与判断法人公益性分解成两个独立的程序。

2. 公益法人会计基准

为了促进各类公益法人发展和管理的统一，日本发布《公益法人会计基准》，对公益法人的财务做出相应的规定。1971 年 12 月，各省厅责任课长层组成的"公益法人监督事务联络协议会"成立，并制定了"公益法人会计标准"，并经各省厅协商后公布实施。1985 年 6 月"公益法人监督事务联络协议会"改组成由各省局官房长组成的"公益法人指导监督联络会议"，9 月 17 日发表了修正的《公益法人会计基准》（简称"旧会计基准"）。为了使公益法人的受托责任明确化，丰富业务效率相关信息，2004 年日本对《公益法人会计标准》进行修订，发布了新《公益法人会计基准》（简称"新会计基准"）；公益法人制度改革关联三法推动了《公益法人会计标准》的进一步修改，2008 年日本又发布了新的《公益法人会计基准》（简称"新·新会计基准"）。日本公益法人会计基准改革的基本思路有三：一是尽可能引进企业会计的做法，公开财务信息、对经营效率作明确易懂的表达；二是在会计账目中明确显示符合捐赠人、会员等资金提供者意志的活动运营状况，明确受委托责任；三是尊重自我约束的运营，简化对外财务报表（"日本 NPO 法律制度研修"考察报告，2006）。新·新会计基准中还规定达到条件的法人（满足收益合计 1 000 亿日元以上，或者费用及损失额 1 000 亿日元以上，或者负债合计额 50 亿日元以上其中任何一项条件的法人）必须设置审计人。

根据《非营利组织法》的规定，其会计原则包含收入和支出需根据预算，会计簿必须遵从正规的簿记原则详细记载，财产目录或计算书等需根据会计薄清楚填写收支及财务状况的真实内容（第 27 条）。另外，《特定非营利活动促进法》规定，在每年的 3 月之内，需要将前一年的事业报告书、财产目录、借贷对照表、收支决算书、干部名册、职员名册等制成档案文件（第 28 条）。特定非营利活动法人必须每年一次上交上述文件资料给主管机关。而根据内阁府的规定，主管机关需要保存这些资料 3 年，如发生民众要求查阅的情况，需要予以查询（第 29 条）。

二、基金会信息披露配套措施经验

从发达国家非营利组织实践来看，其信息披露制度的完善并非一蹴而就，也并非独立发展而成。完善的信息披露制度需要非营利组织所处法律环境的完善、政府的适当的监督和引导、组织内部治理结构的合理安排、行业组织的规范和监管、独立第三方组织的合作和督促，并且与其相互依赖、相互促进、相互发展而成。

（一）基金会法律规范措施

从各国关于基金会的法律体系来看，各国是在基本法对基金会的法律地位予以明确的基础上，发展完整健全的关于基金会组织的法律法规体系。正如之前所述，目前国际上，基金会的合法性主要依托两种法律模式。

一是大陆法模式下的财团法人。大陆法也称为民法或成文法，主要以德国、日本、瑞士、中国台湾等国家或地区为代表，其法律体系是：宪法—民法典—民事特别法—相关行政法法规及税法。在大陆法系中，基金会是私法人性质的公益性财团法人。以日本为例，日本对非营利组织的相关法律法规相当齐备，其法律体系的基础是日本的《民法》，在民法对公益法人（包括财团法人、社团法人）的登记、管理都做出了规范，在此基础上制定了非营利组织的专门法律——《特定非营利活动促进法》，除此之外还对特殊类型的非营利组织制定了专门的法律，如《医疗法》《工商会法》《宗教法人法》等。

二是英美模式的公益信托制度。英法系下的基金会法律体系相对于大陆法系较为零散。英美法系没有区分社团法人和财团法人。在英国对基金会等慈善组织的规范主要是通过《慈善法》，只要符合《慈善法》的规定都可以适用该法，而并不区分是否法人组织。在美国，政府、公司以及非营利组织都可以在法律上注册为"公司"（corporation），公司可以进一步区分为非营利公司（nonprofit corporation）和商业公司（business corporation），非营利组织的法律形式主要包括非营利公司、协会和信托三种，美国的基金会（foundation）大都采用公益信托的形式，基金会一般是公益信托的受托人。在美国对基金会的立法主要从基金会能够便捷成立并迅速发挥其社会职能出发，并不会严格控制其注册登记的程序，基金会可以不具备法人资格、可以不注册登记，法律环境较为宽松。但是，如果基金想要享受免税资格成为慈善组织，就要通过严格的审核，否则只能直接适用公司法的相关规定。美国没有针对基金会或非营利组织的法律，而是通过《国内税收法典》（Internal Revenue Code，IRC）中不同的税法条款来区分不同类型的非营利组织。《国内税收法典》是税收法典，并不涉及基金会的设立许可、法人资格等问题，美国在通过审查基金会是否符合《国内税收法典》相关规定决定是否赋予其免税资格的同时也对基金会进行了监督。

对基金会的准确定位是基金会法律法规制定和颁布的基础，各国对基金会的相关法律法规的准确制定有赖于对基金会法人法律地位的确定，以此发展出适合本国国情和基金会的法律制度体系。

（二）基金会政府监管措施

政府对基金会的监管是基金会外部治理的重要组成部分，其目的在于从宏观和整理上规范基金会的行为，维护社会和公民的公共利益。为了实现目标，政府总是通过各种途径对基金会进行监管。综观发达国家，政府的监管主要是通过对非营利组织的设立即登记注册、日常运作、税收监管三个方面实现的，其监管途径主要依靠法律手段、行政手段和经济手段来进行。

1. 设立

根据目前各国非营利组织登记管理的办法，一般分为"预防制"和"追惩制"两种。顾名思义，预防制是从登记源头就设置较高门槛预防不合格的非营利组织进入；追惩制则是无须登记但成立之后如有任何违法行为即会追究其法律责任。这两种登记制度的差异实质上反映了各国对非营利组织的成立是限制还是支持的态度。以"预防制"和"追惩制"两种思路相对应的政府监管的实际制度有三种，即许可、认证以及两种制度的混合方式（廖鸿等，2011）。

（1）许可。许可是"预防制"的主要手段，非营利组织的成立采取资格准入制度，其成立需要得到政府有关部门的批准和登记。许可制按非营利组织的成立需要一个部门批准或多个部门批准可以分为"单一许可"和"多重许可"。日本是典型的"单一许可"的国家，其非营利组织的成立只要主管机构批准即可，新加坡、菲律宾、泰国等国家实行的是双重许可制，其非营利组织的成立不仅要通过相关机构认可，还需要专门的登记机构审批。

（2）认证。有些发达国家，非营利组织的成立不需要任何法律程序，政府采取放任的态度。但是，如果非营利组织要享受税收优惠，政府有关部门就会对其免税资格进行审查。美国是典型对非营利组织的成立采取"放任制"的国家。在美国，非营利组织的成立没有什么法律程序，但是如果基金会要申请免税资格就要填写联邦总局提供的 1023 号表格，详细填写机构目标、活动内容和资产来源，并每年按时提交年度报表。经审查确认后，该组织才能被承认符合 501（c）（3），享有免税地位的非营利组织。

（3）混合。大部分国家实行的是混合方式，既存在非营利组织许可准入制度，同时也对其进行免税资格的认证。对于普通的非营利组织，实行混合设立制度的国家采取放任的态度，一般认为非营利组织活动属于公民个人的"私域"，立法和司法活动不应干预（刘春湘，2007）。但是，对于特殊的非营利组织采取一定程度的限制，它们要取得法人资格就要遵循法人登记的条件和程序，要获得免税资格就要通过税务部门的审查登记，接受严格的监管。

2. 日常运作

非营利组织设立后，政府的相关部门仍然会对组织日常运作进行必要的监督管理，如在美国，对非营利组织管理的部门包括登记机关、税务机关、审计机关和其他相关部门。监管的内容包括非营利组织内部治理机构的设置和运作、组织资金的筹集情况和使用情况、组织财务管理情况、组织的信息公开情况等。比如在美国，非营利组织不能将资金用于个人参与竞选；对具有免税资格的非营利组织，美国国税局（IRS）每年通过专门的、非常细致的年度申报表来进行日常管理和监督，具备免税地位的非营利组织从事长期的经营活动和与宗旨无关的活动不能免税；基金会不得拥有企业，不得投资与理事会成员利益相关的项目；政府专门指定美国注册公共会计师事务所和财务标准董事会对非营利组织的财务管理进行审查；同时行政机关和司法机关将对非营利组织出现的违法违规行为进行处罚。通过对非营利组织日常运作的监管,保证了非营利组织运作的规范,以维护社会利益与公众权益。

3. 税收监管

税收监管主要是通过税收的手段,对非营利组织产生经济效益,从而对非营利组织的行为进行鼓励或限制的监管方式,税收监管是一种典型的经济手段。从各国实践来看,各国对非营利组织都有一定的特殊税收优惠政策,一般来说发达国家对非营利组织的税收优惠包括两个方面:个人或企业对非营利组织捐赠行为的税收优惠和非营利组织自身公益行为的税收优惠,但是各国在税收优惠认定、税收优惠范围、内容、方式的具体规定有所不同。发达国家对非营利组织的税收优惠政策的核心在于分类原则,不同类型的非营利组织或同一类型甚至同一个组织不同性质的行为适用不同的税收制度。如对公益性组织和互益性组织采取不同的税收政策、区别对待同一组织的公益性活动和商业性活动以及国内非营利组织和境外非营利组织等。不管如何,税收已经成为促进各国非营利组织发展最有效的工具。实践证明,通过对非营利组织税收优惠制度的精细、周全的设计,既能鼓励非营利组织保持其公益性,也能鼓励其自身寻求可持续发展的道路。

(三)基金会社会监督措施

在美国等非营利组织发达的国家,第三方监督机构大量存在,第三方监督机构一般包括:独立的第三方评估机构,如美国的民间评估机构慈善信息局和美国慈善导航;审计机构,外部审计中介机构对非营利组织的财务信息进行审计;其他第三方机构。除此之外,行业组织也是社会治理机制的一种重要形式。

1. 基金会行业治理

基金会的行业治理是通过制定共同遵守的道德标准和行业规范,规范行业内部各个组织的行为,从而达到有效的自我管理与行业监督的目的,是发达国家确保基金会行业遵循组织的行为规范与准则的重要方法。从国际经验来看,行业自治包括组建行业组织、制定行业标准以及认证制度。

(1)组建行业组织。基金会行业组织的设立有利于团结整个基金会行业的力量，防御外界攻击，维护基金会行业的声誉；同时行业组织有利于行业内部交流合作，促进自律，实现自我管理与监督，从整体上推动基金会行业的完善和发展，提高行业的整体素质和社会地位。

美国的慈善基金会行业组织有很多，大体可以分为如表5－2所示的六类。

表5－2 美国基金会行业组织

类型	举例	说明
以提供信息为主的行业组织	基金会理事会（Council On Foundation）美国基金会中心（Foundation Center）	基金会理事会是目前美国最大、会员最大的全国性慈善基金会行业组织，该组织提供的服务主要包括：法律信息、最新的公共政策动态、专业知识、协助招聘专业人员和宣传慈善组织等
行业的评估类机构	美国慈善信息局（NCIB）	美国民间的同业组织，是全国性的、独立的、专事评估公众筹款机构和服务机构的工作成效的公益评估机构
行业的投资理财类机构	共同基金会（Common fund）	该组织拥有庞大的专业团队，实行多层次的资产配置策略，投资方式多样，是专门的非营利资产管理机构。截至2010年7月30日，其管理的资产总额近250亿美元，涉及机构有1 500多家
行业自律性机构	美国基金联合会	美国举足轻重的大的基金会都是美国基金会联合会的核心成员，它的主要任务就是代表基金会与政府沟通以及制定基金会的各项工作标准。其所制定的标准概括了优质管理的基本要求、健全的理事会政策、适宜地募集基金以及完整的财务预算制度等
行业的研究型机构	非营利研究与咨询中心	该组织帮助非营利组织与政府加强合作，向政府反映非营利组织的愿望和建议，开展信息交流和社会调查，研究非营利组织的发展趋势，促进非营利组织的行业规范
行业的开展活动型机构	国际美慈组织（Mercy Corps）	国际美慈组织长期致力于协助世上被痛苦、贫困和遭受不公平压迫等问题困扰的群体，为其建立安全、富饶、公正的社区。自1979年成立以来，美慈已经为106个国家提供了逾15亿美元资助

其他各国也存在类似行业组织，如英国的"慈善基金会协会"、日本的NPO中心也类似于行业协会，福利服务组织都可以成为它的成员。

（2）制定行业标准。行业标准作为非营利组织自律性规范，成为互律的标准。根据非营利组织（NPO）信息咨询中心的资料，美国等一些非营利组织较为发达的国家均已经制定了一系列的规范和标准，如美国国家慈善组织信息署制定的《慈善事业标准》。又如，美国红十字会制定了详细的管理规则，要求 1 500 多个分会必须遵循统一的标准。

（3）认证。发达国家的认证制度比较完善。从目前发达国家非营利组织的认证实践来看，认证包括了职业认证和组织认证。一些社会服务类的非营利组织行业执行 ISO9000 国际标准质量认证，对非营利组织必要的职业资格与专业技术进行认证，类似的职业认证还有美国医学协会推行的医生资格认证制度等。除了职业认证外，组织认证也是非营利组织一项很重要的认证手段。

2. 审计制度

管理者通过审计师质量选择来释放财务报告可信度的信号（Titman & Trueman，1986；Datar et al.，1991）。资本市场的大量研究表明，投资者对经过高质量的审计师审计过的财务信息反应非常积极（Baber et al.，1995；Willenborg，1999）。在非营利组织也同样如此，捐赠者更依赖高质量的审计师审计过的财务报告（Karen Kitching，2009）。美国慈善组织监督机构和保护伞组织也对慈善组织提出了审计要求，如想要从"BBB 明智捐赠联盟"（BBB Wise Giving Alliance），获得高评级，年收入超过 25 万美元的慈善机构必须每年接受审计（BBB，2003）；联合之路（The United Way）要求所有超过 10 万美元的收入成员机构须提交经审计的财务报告。

由于美国非营利组织需向联邦的美国国内税务局和州税务机关分别纳税，所以美国对基金会的审计是由两个层面组成①：联邦的审计和州的审计。联邦的审计和州的审计均为两个部分构成：一方面美国联邦税务局或州税务局对基金会进行包括核查和行为审查的审核调查；另一方面基金会自己聘请会计师进行审计，然后填报 990-PF 表。

3. 评估制度

在一些发达国家，存在大量的较为发达的第三方评估机构的监督。由于在捐赠者和慈善机构间存在严重的信息不对称：捐赠者通常不是慈善物资或

---

① 王名，李勇，黄浩明. 美国非营利组织［M］. 北京：社会科学文献出版社，2012：95.

服务的接收者，所以他们没有机会了解"慈善产出"的质量是否令人满意（Weisbrod & Dominguez，1986）。第三方评估机构的存在使得慈善机构能受到比较客观的评价，能够给捐赠者的捐赠行为提供参考依据。以美国为例，美国的第一个公益组织评估机构——国家慈善信息局（The National Charities Information Bureau，NCIB）。为了打击第一次世界大战期间美国少数慈善机构利用捐赠牟利的行为，一些民间组织的管理人员、学者、律师和会计师共同于1918 年在纽约成立第一家独立的评估机构国家慈善信息局："更好的事务局委员会"（The Better Business Bureau，CBBB），"更好的事务局委员会"与其分部慈善咨询信息部（Philanthropy Advisory Service，PAS）在1945 年开始对慈善机构进行评级。NCIB 和 PAS 在2001 年合并形成了"BBB 明智捐赠联盟"（BBB Wise Giving Alliance），这个组织使用的标准，内容不局限于财务效率和稳定性，它还包括治理和筹资材料的质量和准确性。不幸的是，长时间密集的评估过程的使得组织可以评价数量受到了限制。洛厄尔等（Lowell et al.，2005）认为，"BBB 明智捐赠联盟"评级机构主要作用是清除欺骗性和管理不善的慈善机构，但缺点是所有的慈善机构使用同一评估标准，它们之间没有被区别对待。

美国公益研究所（The American Institute of Philanthropy，AIP）成立于1992 年，AIP 利用990 表和财务审计报告对慈善机构进行评估，并将每个机构按 A-F 进行分级。AIP 会对特殊类型的慈善组织进行财务报告数据的调整和数字标准的修改。使用 AIP 评级系统只对付费会员开放（个人是每年40 美元），所以评价体系并不透明。

美国慈善导航（Charity Navigator）成立于2001 年，它只对美国每年接受社会捐助金额超过50 万美元的慈善机构进行评估，每年评估的机构数量超过5 300 个，这个数字远远超过任何其他评级机构。美国慈善导航从创立之日起就把自己的目标定为"通过评估美国大型慈善机构的财务健康状况使美国慈善行业更加高效、可控"，并且被《时代》杂志和《福布斯》评为最佳网站。在2011 年之前，慈善导航主要是基于990 表提供的信息评价组织的财务健康，在2011 年，慈善导航增加了对问责与透明的评估，评估体系更加全面，评估结果更为准确。

（1）美国慈善导航财务状况评估表，具体如表5-3所示。

表5-3　　　　　　　　　　美国慈善导航财务状况评估

慈善导航评分体系						
指标	计算方法	转换得分				
机构效率						
		10	7.5	5	2.5	0
项目支出	项目支出占总支出的比例	转化得分＝原始得分（项目支出比率）×10				
管理费用	管理支出占总支出的比例	0～15%	15%～20%	20%～25%	25%～30%	＞30%
筹资费用	筹款支出占总支出比例	0～10%	10%～15%	15%～20%	20%～25%	＞25%
筹资效率	该机构每得到1美元慈善捐款需要支出的成本	$0.00～$0.10	$0.10～$0.20	$0.20～$0.35	$0.35～$1.00	＞$1.00
机构能力						
业务收入增长	收入的年增长率	0	（增长率＋0.037）×100			10
		＞6.3%	−3.7%～6.3%			＜−3.7%
项目支出增长	项目的年增长率	0	增长率×100			10
		＞10%	0～10%			＜0
营运资本比率	使用其净可用资产可以维持消费水平的年限	10	7.5	5	2.5	0
		＞1.0	0.5～1.0	0.25～0.5	0.0～0.25	＜0.0
总分	7个指标的总分再加上30分，满分为100分	4星：≥90分；3星：80～90分；2星：70～80分；1星：55～70分；无星：＜55分				

注：本表的数据由 www.charitynavigator.org 整理而得。业务收入增长＝$[(Y_n/Y_o)(1/n)]-1$，其中，Y_o代表第一年的收入，Y_n代表最近一年的收入；项目支出增长同理计算可得。矫正系数0.037是慈善机构导航通过从2000～2004年对其评估的所有机构收入预期增长率和实际增长率进行数据对比分析，加上经济波动因子的考虑，最后计算得出。

美国慈善导航的评估体系由2项指数和7个指标组成，2项指标为机构效率和机构能力，7个指标分别为：项目支出、管理费用、筹资费用、筹资效率、业务收入增长、项目支出增长、营运资本比率。对于特殊的行业或机构，评分标准会进行调整，例如博物馆需要花费大量的成本来保护和维护它们的收藏，它的管理成本明显高于平均水平；食品分发和配送处只需要少量的营运资本，它们的平均营运资本比率远低于总体平均所有的慈善机构。所以评估系统在一般评估标准外还会给出特殊行业或机构的评估标准。基于机构的表现，每一个指标都会有相应的评分，7 个指标的综合得分再加 30 分即为机构财务状况得分，根据得分评定星级。

（2）美国慈善导航问责制和透明度评估表。每一个慈善机构问责和透明度的基础分数 100 分的问责和透明度，表 5－4 是扣分标准。

表 5－4　　　　　　　　　　　　美国慈善导航问责制和透明度评估

990 表数据	
指标	分数扣除标准
少于 5 位独立选举委员会的成员，或独立的成员不构成多数投票	15 分
过去两年资产转移材料里没有令人满意的解释	15 分
过去两年资产转移材料里有令人满意的解释	7 分
经审计的财务报表不是由独立会计师准备或审查的	15 分
经审计的财务报表是由独立会计师准备或审查的，但是这个会计师不是由内部委员会选择或监督的	7 分
存在与官员或利益相关方之间的贷款行为	4 分
机构没有保留理事会会议纪要	4 分
没有在文档归档前向机构管理层提供 990 表	4 分
缺少解决利益冲突的制度和办法	4 分
没有告密者制度	4 分
没有关于保留和毁灭文件的制度	4 分
在 990 表中不恰当地报告 CEO 薪酬情况	4 分
没有 CEO 薪资标准的制定流程	4 分
未能在 990 表充分报告理事会成员和其报酬情况	4 分
慈善机构网站	
指标	分数扣除标准
没有在其网站公布理事会成员信息	4 分
没有在其网站上公布主要工作人员信息	3 分
没有在其网站上公布最新的财务审计报告	4 分
没有在其网站上公布最新的 990 表	3 分
没有捐赠人隐私制度	4 分
退出捐赠隐私政策	3 分

问责和透明度得分	≥90	80~90	70~80	55~70	<55
问责和透明度评级	4 星	3 星	2 星	1 星	无星

注：本表的数据由 www.charitynavigator.org 整理而得。

慈善导航为捐赠者和慈善机构的利益相关者提供了较为公正、客观的信息平台，社会公众可以便捷地在网站上查阅到关于评估指标、评估结果等方面的详细信息。慈善导航 25 万的注册会员和每年 400 万次的点击率使得著名的商业经济周刊 Kiplinger 惊呼其为"帮助数百万人成为慈善家的网站"，但是正如慈善导航总裁肯·博格接受专访时提到的："评估慈善机构应该做到三个方面：第一是财务状况；第二是项目执行；第三是实践效果。我们已经做了第一项，正在着手做第二项，而开展第三项的评估要花好几年的时间。因为我们现在收集到的报告只有财务信息，逐渐开始有执行情况的内容，但还没有关于效果的报告。"[①] 所以努力从结果层面来评价慈善组织是评估机构未来的努力方向。

（四）基金会内部治理措施

真实信息的背后需有科学的治理机制作支撑，如果治理不完善就很难产生令人信赖的信息（吕杰等，2013）。在对基金会进行管理的各个环节中，自律是最重要的环节，自律的制度保证是法律对组织内部治理结构的要求，这一要求的实质是建立明确的责任体系。

1. 英美模式

一元制治理结构指的是在机构设置上理事会（董事会）是唯一的法定机构，其既是决策机构也是监督机构，监事会为任意机构，以美国、英国为代表。美国的基金会一元制的治理结构是受了美国公司治理结构很大影响，美国的《非营利法人示范法》第 8.01 条明确规定，每个法人必须设立理事会，并且对理事的限制条件、数目、选举、任期、薪酬、违法责任等做出了详细的规定。但是《非营利法人示范法》并没有对监事会的设置作强制要求。而基金会监督者以内部的财务委员会和审计委员会为主，外部的税务机关和州检察官为辅，外部监督的重点为事后评价及问责（Leslie，2010）。如美国福特基金会，目前其理事会由包括理事长在内的 15 位成员组成，一般任期为 6年，理事会主要负责制定安排资助、区域重点、开支投资、管理、治理与专

---

① http：//blog. sina. com. cn/s/blog_ 558ac4100100b07k. html.

业标准相关政策，并且还负责内部监督和独立审计，薪酬和绩效考核政策。理事会中的执行委员会对理事会、理事、独立理事进行评估。理事会下设：审计委员会、执行委员会、财务委员会、投资委员会、提名和治理委员会、项目委员会①。同样实行一元制治理模式的还有英国，英国的理事会对慈善组织的资产和行为负有完全责任，英国慈善委员会的监管只是"发现违法"的责任，公开组建和切实负责的治理结构对英国慈善组织起到了第一位的监管作用。

2. 日本模式

依据日本《民法》第 34 条设立的公益法人（民法法人），是日本最早的一类非营利法人，具体又分为社团法人和财团法人两种，日本的财团法人与中国基金会的概念比较接近，对其治理相关的法律制度有《特定非营利活动促进法》《一般社团法人法和一般财团法人法》《公益社团法人和公益财团法人认定法》等。《特定非营利活动促进法》第十五条规定特定非营利活动法人需设立理事会 3 人以上及监事会 1 人以上。根据《一般社团法人法和一般财团法人法》第 170 条的规定，一般财团法人必须设置由评议员组成的评议员会、由理事组成的理事会及监事。由此，形成了日本财团法人的治理模式：即形成理事会—监事会—评议员三层次治理机构，进行合理的治理。理事是对外代表财团法人，对内处理法人事务的机构，其组织的业务需要过半数的理事来决定。财团法人的理事要求在 3 人以上，同时必须设置理事会，做好理事的选任工作。监事是以监督理事的事务执行为目的的机构，至少设置 1 人以上。评议员会负责理事的解职、监事的选任、解职和评议员的选任、解职和重要事项的决策，起到作为该法人的重要事项咨询机关的作用。评议员是对财团法人设立的职务，因为财团法人没有会员，也没有会员大会的类似机构，设立评议员的目的是通过评议员对财团重要业务提供咨询，促进事业的正常发展。评议员都是从与创立法人的相关人员、财产的提供者、捐赠人员以及对某项事业具有较丰富经验的人通过民主程序产生担任，评议员制度对财团法人完善内部治理结构以及权力制衡有着重要的作用。

---

① http://www.fordfoundation.org.

三、基金会信息披露及相关配套措施的国际经验借鉴

美、英、日三国非营利组织的信息披露是美、英、日三国政治、经济和文化体制等综合作用的结果，我国不能简单照搬，但是，严格的会计规范体系、全面的披露要求和多方位的监管体制对于我国基金会信息披露的确具有很强的借鉴意义。

（一）基金会信息披露制度

1. 信息披露制度

美国的信息披露制度非常完善，在信息披露的会计规范方面，美国的非营利组织遵循 FASB、GASB 以及 AICPA 制定的相关会计规范和审计指南；在非营利组织信息披露的具体行为上又有美国《非营利法人示范法》的相关规定；同时美国的税务机构对免税组织按不同的规模和类型要求提交详细的关于组织信息的 990 表，并对组织的行为进行审查监管。在英国，英国慈善组织必须遵循财务报告准则理事会制定的财务报告准则以及慈善委员会制定的推荐实务公告，在慈善信息披露的具体行为上又有英国《慈善法》的相关规定，同时英国慈善委员会作为法定独立的监管机构，要求慈善组织提供年度报告和财务管理报告，对大型的慈善组织更是推行严厉的财务和会计制度。全方位的信息披露和监管制度使得美国和英国的非营利组织发展迅速且规范，非营利组织的公信力得到了保障。相比之下，我国的基金会主要依照的会计制度《民间非营利组织会计制度》显得粗糙，实用性不强，对基金会的监管也主要通过《基金会管理条例》年检制度，年检制度对基金会的监管浮于表面，并未对基金会产生实质的约束和威慑作用。

2. 信息披露会计规范

美国 FASB 成立时，其初衷是制定所有组织能够使用的会计规范，包括企业和非营利组织。并且就目前情况来看，虽然 FASB 和 GASB 各司其职，职责界限清晰，但是 GASB 有时也认可由 FASB 已经制定的完善且适用于政府和非营利组织的会计规范，这样就节约了 GASB 再次制定的各种成本，也能更

好地对两者进行比较和协调。在英国，企业和非营利组织的财务报告准则都是由财务报告理事会统一负责制定的，只有对非营利组织的特殊业务才有财务报告理事会授权的慈善委员会制定。英国慈善组织会计与报告公告具有明显的企业会计制度特征，体现了英国新公共管理运动中将私营部门的管理技术和方法运用于公共领域以提高公共服务质量的理念（刘亚莉、张楠，2012）。目前我国会计有三大分支：政府会计、非营利组织会计和企业会计。尽管非营利组织会计和企业会计属于不同分支，但是它们两者之间也存在相似甚至相同的地方，非营利组织会计可以容纳和借鉴企业会计规范和审计制度，降低非营利组织会计规范制定成本和实施成本，提高非营利组织会计的会计规范质量。

3. 信息披露内容

（1）信息披露的范围广。首先，对于财务信息的披露，美国和英国都主要通过财务报表的形式进行披露。但是，两国都十分注重对财务报表附注的披露以及对特殊业务或交易事项的披露，比如英国和美国都要求披露关联企业交易的信息。同时英美两国也十分注重对成本费用信息的披露，如 SORP 要求在财务报表附注中将慈善活动成本分为直接成本、活动资助基金和支持成本三项进行详细的披露；美国的 990 表也要求申请人填写详细的成本支出信息。其次，除了财务信息外，英、法两国更关注非财务信息的披露。除了披露组织基本特征、组织架构等信息外，还通过披露组织宗旨、对已取得成绩的描述和评价、未来计划、实现方案和已达到程度等强化非营利组织对公益性使命和问责义务的意识。

（2）信息披露深度。英、美两国对非营利的信息披露要求不仅内容广泛，对每项信息披露的要求也十分细致，要求披露的信息具有一定的深度。如 2013 版的 990 表长达 12 页，单单对组织政策的描述就有 13 条，对其免税资格的核查更是有 53 条，对职能费用的描述信息有 26 项，36 条。英国要求大型慈善组织提交的受托人年度报告，以 The School Food Trust（2009～2010）为例，它的受托人年度报告和财务报告为例就有 48 页，其中理事会报告就有 11 页，财务报表附注更是长达 12 页。具有广度和深度的信息披露机制，不仅能够让公众更好地了解、监督基金会等非营利组织，建立信任和互动关系，同时也能让非营利组织本身从细致的信息披露中进行自我检查、自我调整和长远规划。

（二）基金会信息披露配套措施

1. 基金会法律与政府治理措施

法律是基金会发展的制度保障，英、美、日等国的非营利组织之所以能发展迅速主要原因在于其完善的制度保障，从英、美、日等国的法律制度来看主要呈现出以下特点：一是对基金会从法律上进行合理的定位。对基金会的法律性质进行确定是制定基金会具体制度的基础，会影响整个法律体系对基金会的相关规定。日本采取的是财团法人的形式，而英、美不要求基金会必须是法人，其采取的是非营利公司和公益信托的方式。二是形成了一套针对本国基金会信息披露的监管体系，从法律、行政法规与部门规章等各个层次都有相应的法律约束，从而形成既有权威法律层又有针对具体执行层的规章制度的完备的法律体系。三是税收制度有效地引导了非营利组织的发展。税收制度是一种法律体系的一部分，同时也是一种重要的经济手段，它通过制度设计起到调节非营利组织行为的作用，各国对非营利组织的税收地位予以专门的规定，充分利用了税收的手段对非营利组织的各种行为进行引导和监管。

发达国家非营利组织发展的迅速与相对完善，与政府松弛有度的管理密切相关。首先，非营利组织的规范发展必须依托完备的法律体系。尽管发达国家政府对非营利组织的监管制度有不同的模式，但是都已形成了比较成熟周密的一整套法律体系。比如日本有《民法典》《民法实施法》《特定非营利活动促进法》以及《有关公益法人会计标准的规定》，这些法律法规都对非营利组织的定位、成立、资金筹集和税收等方面做出了详细的规定，尽管美国、英国等国家没有专门的非营利组织的法律，但是非营利组织的各种具体的规定在其他各类法规得以体现。其次，政府对非营利组织的管理呈软化管理趋势。从各国实践来看，政府对非营利组织越来越少强制性行政指令的硬性管理，而是越来越多地使用引导和服务的柔化管理。目前，我国对基金会的双重管理体制一直受到学术界和实务界的诟病。双重管理体制致使行政对基金会的干预过多，基金会的独立性较差。独立、统一的基金会管理应该彻底改变目前的双重管理体制，摆脱基金会对行政主管部门的依附关系。最后，在各国政府监管的手段上，通过税收制度和税收管理已经成为重点，如美国的州法令和联邦法典中的税收条例构成美国非营利组织法律的基点。获得免税地位对非营利组织来说意义重大，它不仅仅给组织带来丰厚的经济利益，还能获得公众心中崇高的道德地位。

2. 基金会社会监督措施

（1）行业监督。行业监督基金会外部监督体系的重要组成部分，它对弥补非营利组织的志愿失灵以及政府的监管失灵有着主要的作用，应积极推动基金会行业自治机制的构建。行业组织的建立是为了维护同行业的共同的利益，达到同行业共同的目标，完成共同的使命。所以行业组织对基金会的作用是从监督和引导的角度出发，提升基金会整体素质和社会影响力。制定行业标准，可以根据同一行业特征及同一行业的主体目标和行为的相似之处，制定行业内各主体共同遵守的道德标准和行业规范，使得不同的主体行为具有相同判断的标准。职业认证和组织认证依据行业特点，按照一定的标准对组织成员进行评估与认可，激发基金会人员或组织为达到认证标准而努力的动力。同时，行业监督的功能还在于可以淘汰社会公信力较差的基金会组织，有利于形成基金会行业良性的竞争环境，有效地节约了政府的监督成本。行业组织、行业标准和认证其实也体现了行业自律的三个功能：非营利组织的市场行为自律、市场结构的干预—行业准入自律、市场绩效考核评估（张明，2008）。我国也应该建立和完善基金会行业自律的法律法规体系，推动基金会发展的规范化、法制化。

（2）基金会审计。美国对非营利组织的监督是多层次、全方位的。就审计监督而言，美国已经建立起完善操作性强的审计监督体系：即国家审计监督、内部审计和社会审计三个层次组成的全方位的审计机制。美国的国家审计主要通过联邦政府或州政府对基金会的税务检查进行；内部审计主要依靠基金会内设的审计委员会和财务委员会进行；社会审计又称为独立审计则是通过基金会聘请外部独立的审计事务所进行。国家审计体现了审计行为和审计结果的权威性，内部审计能通过熟悉基金会内部运行机制的人员参与，更有实效性；独立审计，其以独立第三方的立场对基金会披露的信息进行审查，公允客观地发表意见。独立审计和其他两种审计形式相比，具有自己独特的优势：专业性和独立性强，并且独立审计被认为是一种降低代理成本的有效治理机制（陈丽红等，2013）。我国目前又出台了相关基金会审计的法律法规，但是实践中，基金会的审计形式多于实质，并未真正发挥出审计对基金会的监督和促进作用。应该借鉴美国，为独立审计创造良好的内部环境和外部环境，为建立高质量的独立审计提供保障，从而达到为管理者提供基金会治理情况的信息、为捐赠者等社会公众提供关于管理层信托责任履行信息以及财务信息的客观评价信息，从而增强基金会社会公信力的目的。

（3）基金会第三方评估。健全独立的第三方评估机制进一步完善了基金会监督力量的多元化，能够提升基金会等非营利组织行为的规范化、透明化。第三方独立评估以基金会信息公开为基础，健全的第三方评估机制对提升基金会受托责任的履行和信息公开程度具有重要的促进作用。中国的非营利组织还处于发展的初级阶段，急需第三方评估机构帮助捐赠者进行甄别捐赠机构，同时推动基金会提高绩效。尽管在2011年我国建立了中国慈善指南网开始尝试对中国慈善组织进行综合评级，但是评估的结果缺乏全面性和权威性。根据统计数据，截至2011年12月，中国慈善指南网虽对国内1 500多家基金会及社会团体进行了评级，但仍有近千家基金会无法获取其财务信息，致使评估无法进行。借鉴美国的第三方评估机制，笔者认为，第一，我国需要建立专业的评估机制。专业的评估机构通过收集基金会等非营利组织的相关信息，通过制定评估标准，能客观、公正的评价基金会等非营利组织，并对捐赠者和社会公众形成正确的引导作用，也能更好地对其进行监督。第二，确保评估机构的独立性。美国慈善导航是一个民间组织，发起者都来自独立的第三方，能够保证评估结果的客观、公正和有说服力。独立的第三方评估的监督往往比政府监督更加有效，它不会对基金会的发展进行干预和限制。并且，独立的第三方一般由来自社会各界、具有不同背景和专业的人士组成，其监督更具有广泛性和专业性。第三，健全、完善、科学的评估体系。基金会等非营利组织与公司不同，依靠财务指标的层面衡量组织的绩效是远远不够的。美国慈善导航也在原有只评价财务状况的基础上增加了对机构问责与透明的评估，并且表示在未来将与业内机构和相关机构合作，达到从实践执行结果层面来评价非营利组织。第四，提升评估机构的影响力和社会认可度。影响力和社会认可度对评估机构来说特别重要，如果缺乏影响力评估机构就失去了存在的意义，很难生存和发展下去。评估机构要不断努力提升自己的运作效果和公信力来获取社会的认可和捐赠，进而推动基金会等非营利组织行业的良性发展。

3. 基金会内部治理措施

不同模式的基金会内部治理的框架结构有所差异，发达国家基金会治理的架构都呈现与其公司治理结构趋同的态势：借助已有的公司治理模式，进行了权力和职能的组织机构划分，各组织机构之间存在一定程度的监督制衡关系。即英、美为代表的治理模式中基金会治理是一元制治理结构，理事会是基金会治理的结构核心力量，较少设立监事会制度，监督机制主要依靠其完善的税收制度以及首席检察官制度、独立会计师制度、独立第三方评估机制等制度。而日本为代表的模式是大多实行的是二元制治理结构，基金会同时设有理事会和监事会，两者相互监督，互相制衡。根据监事会地位和职责的不同，二元制治理结构又分为平行型和上下型两种治理结构类型。平行型治理结构指的是董事会和监事会之间各司其职，并无上下位之分，而上下型治理结构指的是监事会对董事会有监管的权力，凌驾于董事会之上。日本是平行型治理结构类型的代表。无论是英美国家基于完善的外部监督环境构建的一元制治理结构，还是日本侧重于内部监督环境的完善而构建的二元治理结构，都达到了基金会治理结构平衡的目的，既不因遭受过分压制而丧失活力，又不因缺少必要监管而肆意妄为，是确保基金会公益目的最大化的结构性策略（李晓倩，2014）。

我国《基金会管理条例》第二十条和第二十二条分别规定，基金会设理事会和基金会设监事，因此，我国目前实行的是理事会和监事权力分立的二元制内部治理结构，但是我国基金会的理事会和监事会的建设相对滞后，理事会制度的建立只是停留在形式上，并没有在组织的日常运作中发挥实质性的作用，理事会议同时还存在"一言堂"的情况。监事会更是形同虚设，无法对组织中存在的问题进行及时反馈，难以发挥监督的作用。因此，借鉴发达国家基金会内部治理经验，促进我国基金会内部治理建设，真正实现内部治理在信息披露中的促进作用成为我国基金会组织建设的重要目标。

第六章

提升我国基金会信息披露质量的建议

基于以上章节的分析，无论是基金会目前已有的信息披露制度还是基金会治理机制对信息质量产生的推动作用方面都无法达到重塑社会公信力的要求，因此，本章从构建基金会信息披露制度和建立健全基金会治理机制两大方面对提升基金会信息披露质量提出了建议。

一、构建基金会信息披露制度

（一）基金会信息披露制度框架

接连发生的慈善丑闻导致基金会等非营利组织的社会公信力下降已是不争的事实，归纳这些慈善丑闻会引起如此严重后果主要是公众无法全面了解基金会等非营利组织受托责任的履行情况。在信息披露制度构建方面，必须基于公共受托责任进行公开、透明的信息披露，才能增强公众对组织使命的认同感，提高组织公信力。

格雷和詹金斯（Gray & Jenkins，1985）指出，受托责任涉及授权者与那些受信任履行委托职责的人之间的关系。爱德华兹和休姆（Edwards & Hulme，1995）认为，受托责任是一个复杂和抽象的概念，但是无论是哪种组织形式的受托责任的分析都应该包括：谁是组织的受托人？受托的责任是什么？受托责任如何解脱？杜蒙特（Dumont，2013）提出，虽然受托责任本身是一个不断发展的概念，但是，受托责任最基础层面的两个主要问题是：组织向谁承担受托责任、承担什么受托责任。斯图尔特（Stewart，1984）认为，公共受托责任是一个层次分明的"阶梯受托责任"，公共受托责任产生于资源的委托方将资源委托予受托方，受托方必须向资源的委托方交付的资源有管理并反映其经营活动及结果的责任。卡特（Cutt，1988）认为，受托责任可以分为两种：程序性受托责任，指根据事先确立好的标准来编制财务报表，并由审计证明其公正性，它强调合法性或合规性、真实性或公允性；结果性受托责任，指各种资源是否得到经济而有效的利用而确立的责任，它主要强调经济性、效率性和效果性。张琦教授（2007）从信息披露的角度指出受托责任包括三个要素：授权方、被授权方以及授权方与被授权方之间有关授权事项履行情况的信息传递。被授予方即承担信息披露义务的一方即信息披露主体，授权方是具有信息要求权的一方即信息需求者或信息使用者，信息传递包括信息披露的动态全过程，包括披露信息目标、信息标准、信息披露途径、信息披露内容以及信息披露主体与信息使用者之间的交流与互动。

由以上文献基础分析可以推导出，以完成公共受托责任的信息披露制度框架至少应该明确以下内容：

（1）基金会信息披露制度的目标是什么？

（2）谁是基金会信息的使用者？

（3）谁承担了基金会信息披露义务？

（4）信息使用者需要什么样的信息，基金会如何提供有用的信息？

（5）这些信息应该满足什么样的质量标准？

（6）信息披露主体与信息使用者之间的沟通交流机制是否符合经济、有效性？

（二）基金会信息披露目标和信息标准

1. 基金会信息披露目标

基金会进行信息披露的根本原因在于获得赖以生存的资源，促进自身的健康发展，实现自身的使命和社会职责。因此，非营利组织的信息披露目标应该包括以下两个方面：

（1）以提供报告主体受托责任履行情况的信息，提高社会公信力为主要目标。对基金会等非营利组织来说，公信力是其生命线。倘若基金会失去了社会公信力，那么也就失去了公众和志愿者的支持以及赖以生存的资源。捐赠者或政府将资源转移到基金会的同时，就产生了资金提供者即委托人和资金管理者即受托人这两个主体的委托代理关系，委托人与受托人之间必须确立一种责任机制以减少受托人与委托人间的信息不对称，确保受托人的行为能够满足委托人的期望，这种责任机制就是受托责任：即当委托代理关系成立之后，受托人应该严格地按委托人预期的目标，有效地使用和管理好资源，受托人在完成受托责任后向委托人进行报告，委托人对受托人的受托业绩进行考核和评价，经委托人同意后，受托责任得以解除。基金会等非营利组织受托责任的特殊性在于，基金会组织的公益性，即资金提供者在资金转移给基金会时便放弃了资金所有权，即不享有"剩余索取权"，所以基金会的资金提供者无法以资金的剩余索取权的形式来行使所有者的权利，而只能依靠法律法规以契约的限定形式来实现其委托人的权利（李静、万继峰，2005）。因此，与企业会计以决策有用性为首要目标相比，受托责任成为非营利组织会计信息披露的基石（张国生、赵建勇，2005），并且只有通过完成受托责任为目标的信息披露，才能获得社会公信力。

（2）兼顾为信息使用者合理决策提供有用信息的目标。2006年我国颁布的《企业会计准则》中将投资者作为财务报告的首要使用者，凸显了企业财务报告中投资决策有用性的首要目标要求。但是基金会等非营利组织并不存在投资者，基金会信息外部使用者包括捐赠者、政府、受益人、债权人和社会公众，他们所做出的决策主要是捐赠（资助）、继续捐赠、是否接受捐赠和贷款等决策。基金会必须提供会影响信息使用者决策的相关信息，以帮助确定他们对组织的捐赠被合理地、高效地使用，不至于被浪费（FASB，1980）。这要求基金会等非营利组织必须至少提供：组织资产、负债和净资产及其变动的信息、组织运营效率和效果的信息、资金使用效率信息以及组织持续提供服务能力的信息。同时，管理人员作为信息内部使用者，基金会披露的信息对其使用非常重要，一方面，基金会的管理者是信息披露制度的制定者，通过了解信息披露的真实状况有利于改进将来的信息披露制度；另一方面，基金会的管理者还能够从披露的信息中总结管理存在的缺陷和找到改进管理的思路。因此，信息披露也应该提供如组织成本方面的信息，为基金会管理者提供决策服务。

2. 基金会披露信息标准

信息披露标准是对信息披露主体提供的信息进行衡量和控制的标准。只有符合一定披露标准的信息才能有助于信息使用者做出理性的决策，否则不仅仅会误导信息使用者的决策，还会影响基金会本身的公信力，有损和谐社会的发展。为了满足信息披露"提供报告主体受托责任履行情况的信息为主，兼顾为信息使用者合理决策提供有用信息"的目标，基金会提供的信息必须满足以下标准。

（1）数量标准。高质量的信息披露必须要有足够的信息含量，因此，基金会信息的数量标准首先应该满足：

第一，充分披露。充分性是对信息构成方面的数量标准。基金会等非营利组织并不像企业和政府机构，有些信息具有机密性，无法公开，因此，基金会的信息应该尽可能充分、完整地披露，保证披露的信息能够尽可能地满足不同利益相关者的需求。充分性不仅仅要求信息披露在内容上的完整性：如要求披露的信息包括财务信息也包括非财务信息；同时还要求披露形式的多样性：由于基金会绩效衡量的特殊性，基金会的信息披露应该包括定性披露和定量披露的不同形式，对可量化的信息进行定量披露，对不可量化的信息进行定性披露。

第二，持续披露。持续性披露是基金会信息披露的另一个数量标准。基金会的持续营运就必然导致基金会在运营过程和财务状况上不断发生变化，基金会应该将这些持续性变化以信息的方式不断披露出来。持续性信息披露目的在于信息使用者可以随时了解基金会在最近一段时间的项目情况、财务情况、运营情况，进而避免信息使用者受过期或延误信息的误导而做出错误的决策。持续性的披露的另一个优点在于，基金会通过持续性地整理和发布信息，能够让基金会管理者及早发现基金会可能存在的问题；并且持续更新的信息也容易激发信息使用者对信息关注频率，对强化其公益观念起到潜移默化的作用。

第三，有限度地扩展披露。由于信息的披露需要成本，同时过多不重要的信息也会增大信息使用者的搜寻成本，对信息使用者使用信息造成干扰，因此，在强调信息披露的充分性的同时，也应该考虑对信息有限度地进行重点披露。扩展披露主要是指基金会应该对披露的信息进行必要的延伸和说明。对基金会的某些信息特别是财务信息的阅读和理解需要有专业知识，但是基金会的信息使用者非常广泛，并不是所有信息使用者都能够像专业人士一样完成较高质量的分析过程，为了提高信息的可理解性和传输的准确性，对信息进行扩展披露十分有必要。

（2）质量标准。基金会披露的信息除了满足数量标准以外，其披露的信息特别是财务信息还应该满足以下质量标准：

第一，可靠性。IASB Framework 认为："当信息没有重要的差错或偏向，并能如实反映其拟反映或应当反映的情况（交易和事项）而能供使用者做决策依据的信息即具备了可靠性。"我国《民间非营利组织会计制度》则认为："会计核算应当以实际发生的交易或者事项为依据，如实反映民间非营利组织的财务状况、业务活动情况和现金流量等信息。"可以看出，可靠性的本质即是"如实反映"。可靠性是信息质量的最基本要求，具有有用性的信息，它首先必须是可靠的（吴联生，2000）。当解除受托责任成为基金会信息披露的主要目标，这就要求基金会披露的信息首先能够真实反映基金会履行受托责任情况，进而才能为委托者分析评价和是否解除基金会的受托责任提供基础。

第二，相关性。IASB Framework 认为相关性是指："当信息帮助使用者评估过去、描述现在和未来事项或者通过纠正使用者过去的评价，影响到使用者的经济决策时，信息就具有相关性。"我国《民间非营利组织会计制度》则认为"会计核算所提供的信息应当能够满足会计信息使用者（如捐赠人、会员、监管者）等的需要。"基金会的信息使用者呈多样化，其使用目的有所不同，为了满足信息的决策效用，提供的信息必须具有相关性，相关性强调信息与信息使用者使用目的必须相关，为信息使用者使用目的服务。

第三，可比性。信息使用者在使用信息时一般是通过比较分析进行。只有信息满足可比性要求时，信息使用者才可以对不同组织、不同时期的信息进行比较分析，从而更有利于其评价组织的受托责任履行情况和做出理性决策。《民间非营利组织会计制度》则认为会计核算应当按照规定的会计处理方法进行，会计信息应当口径一致、相互可比。可比性要求包含了横向可比和纵向可比的要求，基金会行业的交易和事项应该按照统一的会计原则进行处理，同一组织不同时期的会计处理方法也应该具有一致性和连续性，如出现不一致的会计处理方法应该在报表附注中予以说明。

除了可靠性、相关性和可比性这些关键的信息质量特征外，基金会的信息披露还应遵从相关制度规定的其他信息质量要求，如重要性、谨慎性、及时性等。有些学者认为这些信息特征之间可能存在相互包含的情况，如吴联生（2000）认为，可靠性包含了可核性、中立性、实质性和谨慎性，而相关性包含了及时性的特征。

（3）易得性标准。在保证了基金会披露信息的数量标准和质量标准之外，信息的易得性标准成为评价信息使用效率和效果的关键，也是能够吸引相关利益者参与和互动的关键。对于信息是否符合易得性标准，无论从信息提供者来说还是信息使用者来说，其判断原则即是收益大于成本原则。根据张雁翎和陈慧明（2007）的研究结果，基金会提供信息的成本包括直接成本、竞争劣势成本和行为约束成本，收益为获得的资金及实物和社会公信力；资财者使用信息进行捐赠付出的成本是资金或实物，收益为资金或实物的运用效果和社会满意度的变化。因此基金会提供信息必须满足收益大于成本的原则，否则披露的信息是无效的。

（三）信息披露主体、信息使用者和披露渠道

1. 信息披露主体

信息披露的主体即是受托责任的被授权人，主要有基金会、政府、行业组织以及其他中介机构。界定具体的披露主体和相应的披露责任，是为了明确基金会信息披露过程中各个主体的具体分工和责任，并且起到各主体相互配合相互监督的作用，这将对基金会信息披露制度的健全完善有重要的促进作用。

（1）基金会。基金会是最主要的信息披露主体，掌握基金会信息的第一

手资料，是基金会信息产生和传送的源头。基金会提供应该对其提供信息的真实性、准确性和完整性负责。基金会披露的信息分为强制性披露信息和自愿性披露信息。自愿性信息披露指的是法律法规未强制规定，基金会为了组织的公信力、吸引捐赠、加强自身能力建设而披露的信息。强制性信息披露则是基金会遵循法律法规的强制规定进行的信息披露。基金会的公益性决定了其应该承担更多社会责任，应该比营利组织信息披露得更加充分。但是，由于基金会等非营利组织缺少像营利组织那样较为完善的市场机制与竞争机制，基金会组织更容易对自己的财务信息进行操纵或粉饰（Trussel，2003），导致自愿性信息披露有可能存在一定形式的信息偏差，成为市场的一种噪音（王雄元，2005）。因此，弥补自愿性信息披露的局限是强制信息披露的主要动因，但是，强制性信息披露对基金会进行管制会挫伤组织自愿性披露的积极性，并且管制可能会带来相当高的成本，管制机构本身也可能失灵（程昔武等，2008）。因此，应该通过强化基金会使命、完善治理机制和提高违规成本的方式引导基金会负责、高效地完成自愿性信息披露。

（2）政府等监管机构。目前，我国基金会仍属于登记管理机关和业务主管单位双重管理，即基金会的信息披露也应该接受业务主管单位和登记管理机关的双重监管。从宏观层面上，政府等监管机构应该从整体角度上披露基金会组织的情况，以便了解基金会是否符合社会和国家的发展需求。从2004年开始，我国民间组织管理局就对基金会的数量、增长情况、新成立、撤销取缔的情况进行统计发布，同时登记管理机关依据《基金会年度检查办法》规定，对基金会分别做出年检基本合格、年检不合格的结论，并且公布各个地区基金会的合格率。从微观层面上，民间组织管理局对所有基金会的年度报告进行汇集，并对单个参检基金会的年度检查结果进行公告，方便信息使用者进行查看。政府应该在基金会的信息披露中起监管的作用，但是由于我国政府对基金会的管控过强、政府对基金会的信息披露的相关法律不够完善等问题，政府等监管部门的信息披露责任还有很长的路要走。

（3）行业组织。行业组织是一种社会自治组织，它是市场主体（如基金会）为减少交易成本而达成的一系列合约安排。与企业的行业自律组织不同，由于基金会具有更强烈的依赖社会资源的特点，公信力是维持每个机构生存发展的共同基础，行业内一旦某一个基金会出现问题，即将波及整个行业，"郭美美事件"引发的公信力危机带来的多米诺骨牌效应给慈善行业带来的巨大冲击就是一个例子。因此，基金会之间具有强大的利益纽带推动了行业自律的发展。行业组织的作用在于它明确行业组织的共同目标，通过制定针对本行业的规范制度，实现基金会的相互监督和行业自律；通过为行业成员提供各种内部资源和成员之间的资源互助，促进行业的共同发展与繁荣，实现行业组织的共同利益。信息披露制度作为基金会提高公信力的重要方式，行业组织不仅可以披露行业整体信息，比如行业相关法规、行业整体发展情况、行业内组织是否遵守行业法规、本行业对社会经济发展的贡献等，同时还可以建立行业信息披露标准，利用多种形式对行业内部的基金会的情况进行披露。

2. 信息使用者

信息使用者即受托责任的授权人，由于基金会的资源主要来源于个人和企业的捐赠以及税收形成的政府补助，因此基金会受托责任的授权人非常广泛。基金会信息披露的信息使用者主要包括捐赠者、受益者、债权人、内部管理者、政府部门和社会公众等。

（1）捐赠者。捐赠者包括捐赠个人和捐赠机构，他们往往是基金会资金的主要提供者。捐赠不同于纳税，并非强制性行为，完全出于个人的自愿行为。影响人们是否捐赠的因素很多，如财富水平、信仰、人生经历甚至只是作为购买内心"温暖的光辉"（刘亚莉等，2013）。但是，在同等条件下，如果得到了关于组织的发出的正面信息的确会促进人们的捐赠行为，有学者研究发现，是否收到慈善组织的财务信息和获取财务信息的难易程度都将影响捐赠者的捐赠行为（Parsons，2007；张爱明等，2014），会计报告中组织效率、组织稳定性等指标的良好表现能够显著提高捐赠水平（Trussel & Parsons，2007）。所以基金会要向捐赠人提供可靠全面的信息，履行对捐赠人的承诺，并接受捐赠人的监督，甚至引导捐赠人进行组织管理，这样才能激发捐赠人的捐赠意愿，吸引捐赠人的进一步捐赠。

（2）受益者。受益者可能是受益个人、受益机构，也可能是受益项目，他们是符合基金会宗旨的需要救助的对象，常常是一些社会的弱势群体或是需要资助的项目。陈少华等（2006）认为，受益群体是虚拟受益权人实际获得收益的群体，具有剩余索取权。作为基金会的资助对象，他们关心基金会是否按照组织章程和宗旨及委托人的要求使他们的权利得到保障以及基金会持续为他们提供资助的能力。

（3）债权人。和企业一样，基金会的营运过程中也会产生债务，债务人一般包括银行、供货商等。由于基金会的创建人、理事、管理人员均不用对基金会的债务承担个人责任，一旦基金会资金出现困难，债权人将面临无法获得利息甚至本金受损的情况，所以债权人为了保障自己的利益，在进行贷款或商业信用政策时会考察基金会的偿债能力、财务的稳定性和现金流的健康状况，一旦成为债务人，还会继续关注基金会是否按既定用途使用资金等信息。

（4）政府。政府与基金会的关系比政府与企业的关系更加复杂，政府既是基金会的监督领导机构，同时也是基金会的捐赠者。从宏观角度来说，基金会作为非营利组织的重要组成部分，对政治经济会产生重大影响，政府作为监管部门，应该从整体上引导基金会的健康发展；同时，基金会等非营利组织享受着免税资格，政府相关部分应该对其免税资格进行严格的审查和监控。所以政府应该关注基金会法律法规的执行情况，其宗旨使命的履行情况，通过这些信息，有助于政府从宏观层面上把握基金会行业发展情况。从微观角度上来说，政府又为基金会提供政府补助，成为基金会捐赠者的一部分。据 2010 ~ 2012 年我国公募基金会的数据统计，政府补助收入约占基金会总收入的 20%，某些基金会甚至将近 80% 的收入来自政府补助。所以政府应该不仅从宏观角度关注基金会行业的发展状况，还应该从微观角度上关注基金会的资金使用状况和财务健康状况。

（5）其他信息使用者。其他信息使用者包括基金管理人员、志愿者和社会公众等。虽然在基金会等非营利组织领域，中国基金会的管理人员面临的竞争环境与资本市场中职业经理人所面临的残酷的优胜劣汰的竞争环境相比要柔和很多。但是，随着基金会相关制度的不断完善，基金会的管理人同样面临着严格考核压力以及自我声誉的维护压力。管理人员既要关注组织内部的财务状况和管理效率，通过组织披露的会计信息进行科学决策，提出必要的改进措施，又要关注组织的非财务信息如人员信息，同时还要关注组织生存的外部环境，以促进组织的持续健康发展。志愿者的积极参与是慈善事业得以发展壮大的重大力量，基金会志愿者提供志愿服务时首先希望了解基金会的宗旨使命和服务对象，组织的工作效率，以及他们具体的工作任务和目标。社会公众也是重要的信息使用者：首先，他们是潜在的捐赠者。社会公众通过不断地接受基金会等慈善机构的信息，有助于提供社会公众与基金会之间的互动和互信，从而有助于激发他们的慈善行为。社会公众对非营利组织特别是慈善组织的关心，是慈善事业得以发展的重要基础（耿伟，2011）。其次，因为基金会等非营利组织一般都会享受国家或当地政府给予的各项税收优惠政策或政府补助，占用了社会公共资源，所以基金会对社会公众也负有受托责任，社会公众对基金会也享有监督权利，所以他们也关注基金会的资金使用情况以及基金会财务和运作的透明度。

基金会的相关利益者众多，他们关心基金会信息的侧重点有所不同，基金会必须及时、全面、真实地披露信息以尽可能地满足多方要求。随着互联网的发展和普及，信息的整理发布和信息的获取变得更加便捷，同时相关利益方对基金会等慈善事业的关心和参与程度就越来越高，也为信息的披露质量提出了更高的要求。

3. 信息披露渠道

目前，我国基金会信息披露的途径主要有两种类型：以书面报告为载体的传统披露途径和以网络报告为载体的网络披露方式。传统的书面报告方式比较符合人们通过纸张阅读获取信息的习惯，同时对信息使用者没有计算机技术要求，具有普适性。但在 21 世纪网络彻底改变了组织和利益相关者交流的方式，它提供了快速简便获得服务和商品的电子入口。对非营利组织而言，网络提供了前所未有的高效低成本地建立和加强资金提供者、自愿者和受益者间关系的平台（Hart，2002）。同时，基金会的门户网站成为提高信息透明度的有效工具，也减少了信息使用者收集信息的成本。基金会建立网站及网站的内容、结构不仅仅要考虑技术、经济和基础条件的问题，还应该与组织的沟通和管理策略有关。一般来说，基金会等非营利组织建立网站有以下三种战略（Gandía，2009）。

（1）装饰性网站。在这种战略下，组织只是通过其网站对组织进行宣传和进行一般信息的介绍（比如说组织的使命和愿景、组织的活动和目标、新闻服务等）。在这种情况下，组织对其网络发布的信息并没有特定的目标，只是因为跟随或模仿其他组织建立的网站，希望向利益相关者传输组织现代化或创新的形象等原因才建立组织自己的网站。

（2）信息网络。基金会等非营利组织利用组织网站向利益相关者提供组织经济性、财务性和治理的信息，组织网站是基金会作为增强信息透明度的工具。这些信息应该引起利益相关者对信息分析的兴趣，并且利益相关者可以通过对这些信息的分析判断基金会的目标的达成情况。在该战略模式下，组织网站会增加流向社会特别是捐赠者的信息量，并由此显示了组织的透明度以及组织承诺责任，从而提高社会公众对基金会的信任程度。

（3）关系网络。组织建立网站的第三层次战略是将组织网站作为为利益相关者提供服务的一个部分。关系网络能够使得信息使用者在线上与基金会进行公开便利的交流，比如通过其网站筹集捐赠，招募志愿者，运行论坛、提问和反馈区等。在关系网络的战略下，网站促进了利益相关者和基金会之间的互动，缩小了两者的距离，建立了基金会与利益相关者直接交流互动的平台。

目前，我国并没有关于基金会网络信息披露的相关规定，这就导致了基金会的信息披露没有统一模式，而信息披露的层次也主要局限于"装饰网络"性的网络信息披露，限制了网络在基金会信息披露所能发挥的巨大作用。所以在建立以网络技术为披露途径的信息公开机制应该注意以下两点：首先，制定基金会网络信息披露的制度规范，对网络信息披露的内容、时间、格式等内容进行统一规范；其次，建立能够对基金会的网上披露信息进行监控的部门以保证基金会网络信息披露的合规性、真实性和及时性。

（四）基金会财务信息披露

正如第二章所述，基于公共受托责任，基金会应该披露的信息包括两个维度：第一个维度是财务信息和非财务信息；第二个维度是信息披露主体与信息使用者之间的对话。正如前文所述，这个维度应该通过网络技术得以实现。财务信息主要反映基金会财务受托责任的履行情况，主要是对组织财务合规性、资源配置和使用情况的说明；非财务信息主要披露财务信息披露无法披露的信息，包括基金会使命、管理状况、绩效和发展能力的信息。

1. 基金会财务报告

财务报告作为财务信息综合表达和最终载体，同时也是会计的最终"产品"，是为财务信息使用者提供财务信息的媒介和载体，但如果没有经过科学合理的会计系统的确认、计量和记录过程，即使财务报告模式再完善，也无法提供真实可靠的财务信息，实现财务报告的目标。因此，应该对基金会的会计假设、会计核算基础、会计计量基础、会计要素进行科学合理的确认。

2004 年颁布的《基金会管理条例》规定，基金会应该执行国家统一的会计制度，依法进行会计核算。《民间非营利组织会计制度》（以下简称《制度》）于 2005 年 1 月 1 日全面实施，实现了与《基金会管理条例》等基金会相关制度规范的配套，是我国第一部专门针对包括基金会在内的民间非营利组织制定的财务会计制度。《制度》对民间非营利组织的会计核算对象、会计基本假设、会计核算基础、会计计量基础、会计核算原则、会计要素等都做了规定，制度的内容很完整（李建发，2004）。《制度》既充分考虑了基金会等民间非营利组织的特性和业务特点，又尽可能借鉴了国际通行的惯例（刘玉廷，2004），使得基金会等民间非营利组织的会计信息既能准确科学地传达给会计信息使用者，而且也符合我国会计制度准则与国际会计制度准则趋同的大局，有利于国际间的交流。基金会按照《制度》规定的会计程序和步骤，对基金会的财务活动进行确认、计量和计量，将基金会的各种财务活动转化为基金会财务信息，并通过财务报告传递给信息使用者，以便完成其公共受托责任。基金会披露的财务报告应该包括：

（1）财务状况表。财务状况表是基金会的一张基本财务报表，也称为资产负债表，它反映基金会在资产负债日基金会资产、负债和净资产状况的财务报表。

财务状况表应当通过排列资产、负债的顺序或划分流动与非流动的资产和负债的方式提供基金会财务状况流动性的信息，基金会的财务状况表还应该将组织视为一个整体，报告组织资产总额，负债总额与净资产总额。财务状况表中资产和负债的信息应该按流动性由强到弱列示，同时由于净资产分为非限制性净资产、暂时限制性净资产和永久性净资产三个种类，资产和负债也应该按非限制性、暂时限制性和永久性分别列示，以反映其来源和用途。

（2）业务活动表。业务活动表也称为利润表，是反映基金会收入、费用以及净资产变动情况的财务报表。其中，业务活动表中的收入、费用和净资产都应该按暂时性限定、永久性限定和非限定类别分别列示，这有助于更好地了解基金会各种用途的收入、费用和净资产情况。业务活动表中的净资产与财务状况表中的净资产存在勾稽关系。

（3）现金流量表。基金会的现金流量表是反映基金会组织现金流入和流出情况的财务报表。和企业一样，基金会的现金变动情况也分为业务活动产生的现金流量、投资活动产生的现金流量和筹资活动产生的现金流量。其中业务活动产生的现金流量应该单独反映基金会为了完成宗旨和使命而开展的项目活动过程中所产生的现金的流入和流出情况。在基金会的现金流量表上，收到的非限制性现金捐赠应该在业务活动现金流量部分列示；收到暂时限制性和永久限制性现金捐赠应在筹资活动现金流量部分列示；收到限制性投资收益在筹资活动现金流量部分列示。

（4）职能费用表。基金会等非营利组织应该按职能报告组织有关费用的信息。由于基金会等非营利组织的经济资源主要是通过社会公众的捐赠获得，负有受托责任，除了业务活动表中业务活动成本、管理费用和筹资费用的总额外，还应该详细地向委托人按各项职能报告具体费用，以便捐赠者、债权人以及其他人士评估某一组织的服务效果，即服务成本以及该组织如何使用资源。基金会等非营利组织依靠社会捐赠的程度越高，其编制职能费用表的必要性也就越大。职能费用表的一般格式如表6-1所示。

（5）财务报表附注。财务报表附注是基金会等非营利组织财务报表的一个必要的组成部分，基金会的财务报表附注至少应当包括下列内容：

①基金会的基本情况，包括名称、业务范围、基金会类型等。

②董事会、监事会和其他人员的基本情况。

③重要会计政策，包括收入确认标准、固定资产的折旧年限和方法、存货的计价方法、公允价值的确定基础等。

表 6 – 1　　　　　　　　　　**某某基金会职能费用**

编制单位：某某年度　　　　　　　　　　　　　　　单位：元

职能	业务成本			辅助费用			费用合计
	项目一	项目二	小计	管理费用	筹资费用	小计	
员工工资							
员工福利							
材料物资							
办公费							
水电费							
通信费							
差旅费							
业务招待费							
设备维护费							
宣传费							
审计费							
网站维护费							
折旧和摊销							
其他费用							
费用合计							

④财务报表重要项目及其增减变动情况的说明，包括资产提供者设置了时间或用途限制的相关资产情况的说明；受托代理业务交易情况的说明；重大资产减值情况的说明；公允价值无法可靠取得的受赠资产和其他资产的名称、数量、来源和用途等情况的说明；对外承诺和或有事项情况的说明；收藏品的详细情况。

⑤接受劳务捐赠情况的说明。

⑥关联方交易情况说明。

⑦资产负债表日后非调整事项的说明。

⑧有助于理解和分析会计报表需要说明的其他事项。

（6）财务状况说明书。财务状况说明书是财务会计报告的重要组成部分，是对基金会财务收支情况及其他重要的财务情况所作的书面说明。财务状况说明书有助于基金会的财务信息使用者更好地了解和理解财务会计报告中会计信息。基金会财务状况说明书至少应当对下列情况作出说明：

①宗旨、组织结构以及人员配备等情况；

②业务活动基本情况，年度计划和预算完成情况，产生差异的原因分析，下一会计期间业务活动计划和预算等；

③对组织业务活动有重大影响的其他事项。

2. 基金会财务分析指标

财务分析指标具有回顾过去、着眼现在、展望未来的作用。虽然基金会的财务状况说明书也具备一定财务分析的功能，但并不是很规范的财务分析，而且分析的内容也不够全面、具体、深入。鉴于基金会信息使用者的广泛性，知识结构存在的差异性，基金会很有必要提供规范、全面、深入的财务分析指标帮助信息使用者对基金会财务行为的合规性和效率性进行分析。

（1）财务分析指标体系设计原则。财务会计报告是对基金会组织一定时期或某个时点财务状况的总结，是基金会组织财务会计信息披露的主要载体。基金会财务会计报告的使用者中大部分可能都缺乏财务和会计相关的专业知识，这就大大削弱基金会提供的财务会计信息的使用效果。同时，财务报告的使用者无法单纯从各个基金会提供的财务会计报表进行信息的比较，难以帮助政府部门、捐赠者与潜在的捐赠者以及社会公众做出税收减免、提供资源提供决策分析。西西利亚诺（Siciliano，1997）认为，非营利组织根据它们的社会使命通常有主观上的绩效指标来评价自己的组织效率，但是也需要客观的指标来评价财务绩效。基廷和弗鲁姆金（Keating & Frumkin，2003）认为，财务数据的质量、可利用性有助于提升非营利组织的社会公信力。所以基金会除了提供财务会计报告之外，还应该提出基金会财务指标分析的报告。如美国慈善导航（Charity Navigator）要求美国慈善组织提供财务状况评估表，该表分别从机构效率（包括项目支出比率、管理费用比率、筹资费用和筹资费用比率四个子指标）和机构能力（包括业务收入增长率、项目支出增长率和营运资本比率三个子指标）对慈善组织的财务状况进行评分，使得慈善机构财务会计信息更加高效、可控。BBB 明智捐赠联盟（Better Business Bureau Wise Giving Alliance，2014）也制定了几个财务分析指标并确定了相应的标准，包括：项目支出（项目支出占总支出为65%以上）；筹资费用（筹资费用占筹资收入比重为35%以下），累积资金；各项分类支出（各项支出占总支出的比重）等①。

在设计基金会财务分析指标体系时，要注意遵循以下原则。

①公益性原则。基金会财务分析指标体系应该结合基金会的公益性的特点。和企业相比，基金会信息使用者并不关心基金会与利润相关的指标，而关注组织所提供的公益服务数量和质量是否让他们满意，组织的行为和工作程序是否遵循了相关法律规定等（李静、万继峰，2006），基金会资金使用的效率和使命达成情况。在设计基金会的财务分析指标体系时，应该考虑基金会公益性的特点以及信息使用者的信息需求特点，既能使政府等监管部门通过财务分析指标的信息披露判断基金会行为的合法性和税收地位，又能为捐赠者进行捐赠决策时提供参考，也能为基金会组织提供组织自我管理、自我评估的正确引导。

②统一性原则。国外学者对基金会等非营利组织财务绩效评价的研究几乎都采用了财务比率分析方法。但是仍然缺乏统一的标准，导致出现了一系列"混乱"的指标（Ritchie & Kolodinsky，2003）。我们应该根据目前对基金会等非营利组织的财务分析指标丰富的理论研究中探索出适合基金会行业的统一的、覆盖全面、适用性强的财务分析指标体系，以此减少信息使用者的信息收集和信息使用成本，提高基金会财务信息的传播速度和使用效率。

（2）财务分析指标体系的构建。对于基金会等非营利组织财务绩效指标体系的构建，国外已有大量的研究成果，国内相对而言研究结果较少，但是随着基金会等非营利组织在社会经济中显现出越来越重要的作用，国内学者也开始关注非营利组织财务绩效指标体系的构建，并出现了许多有价值的研究结果。综合国内外现有的研究结果以及借鉴国外关于非营利组织财务绩效指标体系先进的做法，本书提出非营利组织财务绩效指标体系，见表6-2。

---

① http://give.org/.

表 6 - 2　　　　　　　　　　　基金会财务绩效指标体系设计

一级指标	二级指标	指标来源
公益性	公益支出总额	颜克高（2013）；刘丽珑（2015）
	公益支出占总支出比重	Greenlee et al.（1998）；颜克高（2013）；刘丽珑（2015）
筹资能力	收入集中度	Tuckman & Chang（1991）；William（2005）；刘亚莉等（2013）
	筹资费用率	Greenlee et al.（1998）；Brown（2005）；朱宇（2009）
运营效率	业务成本占总费用比例	Greenlee et al.（1998）；慈善导航评分体系；刘丽珑（2015）
	净资产占总资产的比重	Ritchie（2003）；刘丽珑（2015）
投资能力	投资总额占总资产的比重	Ritchie（2003）
	投资收益占投资总额比重	Ritchie（2003）
成长情况	业务收入增长率	慈善导航评分体系；朱宇（2009）
	净资产增长率	程昔武（2008），程博（2012）

同时，为了使基金会提供的财务分析指标更有利于信息使用者进行分析和对比，应该同时披露财务分析指标上一时期的数据和行业标准数据，见表6-3。

表 6 - 3　　　　　　　　　　基金会财务绩效指标对比

指标名称	指标值（本期）	指标值（上期）	行业标准

①公益性。一是公益支出总额。公益支出总额作为衡量基金会公益性支出规模大小的一个衡量指标，可以直接体现基金会公益能力的大小以及影响力。但是由于公益支出总额这个指标是一个绝对指标，这就不利于对不同规模基金会的公益性进行比较，所以在研究过程中，往往会对公益支出总额取对数，以缩小公益性总额指标的差异性。二是公益支出占总支出的比例。2004年6月1日开始实施的《基金会管理条例》中规定"公募基金会每年用于从事章程规定的公益事业支出，不得低于上一年总收入的70%"，体现了

公益支出占总支出这个指标作为衡量基金会公益性程度的重要性。公益支出占总支出的比例越高,意味着基金会组织将更多的支出直接用于实现其组织目标和使命,组织的公益性较高。

②筹资能力。筹资费用率体现了该机构每得到一美元慈善捐款需要支出的成本,筹资费用率越低意味着基金会筹资效率越高。收入集中度指标是塔克曼和张(Tuckman & Chang,1991)建议采用类似于赫芬代尔指数(Herfindahl index)衡量市场集中度的指标那样用来衡量基金会收入集中程度的指标。收入集中度的计算方法一般是用基金会各种来源收入除以总收入的总和的平方(刘亚莉等,2013)。如果基金会存在多种收入来源渠道,对每种收入来源的依赖程度小,收入集中度指标就越小,基金会的财务状况就相对稳定;如果基金会只有一种或少数种类收入来源渠道,收入集中度指标就大,基金会的财务状况越不稳定。收入集中度指标数值在 0 ~ 1 之间,指标越小,筹资能力越强,财务情况越稳定。

③运营效率。运营效率通过业务成本费用率和净资产占总资产比例两个指标来衡量。业务成本费用率反映了业务成本占总费用支出的比例,业务成本是与完成基金会使命直接相关的支出,一般被认为慈善组织中,业务活动成本至少应当占费用总额的 60%(赵建勇,2013),即基金会等非营利组织至少应该将大部分的经济来源用在其主营业务活动上或事项其组织使命上。净资产占总资产指标反映净资产占总资产的比重,它测量了基金会等非营利组织运营风险的大小。在基金会等非营利组织中净资产是基金会资源运用的结果,也是组织未来服务的资源储量(姜宏青,2012),净资产和总资产的对比关系更好地衡量了基金会的运营风险。

④投资能力。投资总额占总资产的比重反映当年年度投资总额在总资产中的比重,投资收益占投资总额的比重反映测量基金会投资的收益情况,反映了基金会的投资能力。基金会利用暂时闲置的资金用于投资,可以更好地使资金或资产保值增值,可以更好地为组织目标活动服务。但是,如果基金会进行过多的投资,占用或影响了组织公益活动的资金或资产的使用,那么这种投资行应该予以制止。投资总额占总资产的比重可以衡量基金会用于投资的资金占组织总资产的比重的情况,同时投资收益占投资总额反映了基金

会投资收益能力，两者共同反映基金会的投资能力。

⑤成长能力。业务收入增长率用于反映基金会业务收入的增长情况。基金会的业务收入是为基金会完成组织使命所获取的基金会主要的资源，而资产增长率反映基金会净资产的变动情况。这两个指标较好地反映了基金会用于实现组织使命和目标的收入保障和可运转的法人财产权的变化情况，可以从财务角度来评判基金会的发展的可持续状况和成长能力。

3. 基金会审计报告

基金会的审计能够从专业的角度对基金会的财务信息的合规性和准确性进行审查，保证了基金会披露的财务信息的准确无误；同时审计也能提前及时的发现基金会潜在的财务风险，起到提前预防风险的作用。张立民、李晗（2011）认为，非营利组织信息披露与审计是经济社会免疫系统制度需求下的制度供给，具有预防功能揭露功能和抵御功能。审计质量也的确影响了信息使用者的捐赠决策（张立民等，2012），说明信息使用者重视对审计信息的使用。美国对非营利组织的审计非常重视，目前已经拥有专业水准很高的审计师团体，形成了多层次的审计制度，这值得我国学习。目前，我国基金会呈现在年度工作报告中的审计信息只有审计结果。因此，基金会应该披露经过一定资质的会计师事务所和注册会计师签名的完整的审计报告。

（五）基金会非财务信息披露

基金会等非营利组织无法强制征税，也无法以收益吸引投资者，只能依靠自身的使命和对使命的履行表现来赢得社会资源。基金会等非营利组织使命的履行的"业绩"无法单纯用利润等指标来衡量，非营利组织完成使命可能存在多层（元）目标，完成多元目标又存在多种途径和方法（姜宏青，2012），因此，对基金会等非营利组织使命的履行情况不能仅仅从财务的或定量的角度，还应从非财务的或非定量的角度来评价、衡量，甚至在非营利组织中非财务信息的披露更为重要（程昔武，2008）。

1. 战略维度

（1）使命与宗旨。基金会应该公开组织的使命和与组织使命相适应的组织宗旨。姜宏青（2012）将基金会等非营利组织的使命定义为：使其区别其他同类组织的长期适用的组织目标，是组织存在的理由。首先，投入基金会的社会资源是有限的，基金会缺少"利润"这样的指标作为组织绩效的衡量标准，因此资金的使用方向、可支配收入和个人信仰都影响了捐赠者的捐赠决策（Gordon & Khumawala，1999），捐赠人往往通过基金会的使命和宗旨了解基金会的组织目标和组织行为，由此引发了捐赠者的认同感和捐赠行为，因此，基金会等非营利组织时主要依靠自身使命定位去赢得社会资源的"高度依赖性"组织（胡杨成、蔡宁，2008）。其次，使命和宗旨的准确而清晰的描述也为组织内部提供了行为指引。使命作为基金会组织的终极目标，不仅仅为管理层提供了制定组织战略规划的基础，同时也为组织内部成员提供了共同的行为目标，形成了组织内部行动的凝聚力。可以说，使命成为"建立统一的长期目标是整合所有各方目标的唯一方法"（德鲁克，2007）。最后，清晰地陈述其使命也可作为社会公众对基金会的监督依据。对于基金会来说，无法用盈利能力这样的指标来作为基金会营运结果的标准，实际上，盈利能力指标很高的基金会往往意味着其公益性程度被削弱。使命作为基金会组织的最终目标，公众可以以此作为评判标准，观察基金会是如何践行使命，是否在履行使命过程中出现偏离使命的行为，从而提高社会公众的监督质量，确保基金会的行为不会出现偏差。因此，使命和宗旨成为基金会首先要清晰地陈述的重要信息。

（2）受托人年度报告。英国 SORP 认为，仅仅依靠慈善组织的财务报表并不能全面满足信息使用者的所有信息需求，因此满足一定标准的慈善组织必须提供受托人年度报告以反映组织结构、目标、目的、活动和业绩的内容。我国基金会作为受托人，也应该提高受托人年度报告以便更好地解除受托责任。受托人年度报告的重点内容如下。

①提供组织成绩和绩效的说明。它应该帮助信息使用者深入了解在过去的一定时期内，基金会在努力做什么以及进展情况如何。使用定性和定量的信息阐述组织目标的完成情况以及对所进行的慈善活动进行评论，并对目标完成的影响因素和意外情况进行说明。

②未来计划。基金会需要明确组织未来的计划，应该对计划的期间、内容和目标进行详细的说明，并提供可能完成该计划相关证据。

2. 管理状况维度

（1）内部治理信息。非营利组织与公司一样存在着委托代理问题，因此同样需要有效的治理机制来降低代理成本。并且由于非营利组织没有利润指标的压力和被收购兼并的风险，同时缺乏有效的外部监督，导致基金会等非营利组织存在大量的对财务信息进行操纵或粉饰的行为（Hofmann & McSwain，2013），因此非营利组织比企业更依赖于建立一个完善的治理结构来保证其平稳、健康地运转，以此来替代外部市场竞争机制的缺失（程昔武，2008）。因此，披露基金会的治理信息是非常有必要的，基金会的治理机制也是实现组织目标的一种制度安排，通过治理信息的披露，有利于防止基金会出现诚信危机，同时也有助于基金会组织构建完善有效的治理机制。治理机制主要由组织内部的机构设置和机构运行机制两个方面构成：

①机构设置。基金会的机构设置主要由理事会（权力机关）、监事会（监督机关）和秘书处（执行机关）三大机关的权责设置组成。首先应该对基金会的治理情况进行整体的架构描述，同时应该对理事会、监事会和秘书处的成员个人的详细信息和相应的职责进行披露。

理事会、监事会和秘书处三大机关权责的合理设置，是否能够相互制约、相互协调是解决委托代理问题的关键，也是治理机制的核心内容。为了了解三大机关是否能够相互制衡，从而有效发挥作用，应该特别注重披露以下信息：

创办人或领导者简历和详细信息。社会公众或捐赠者可能会着重关注基金会的创办人或领导者，因为基金会等非营利组织的创办人或领导者可以左右、实际上也决定了机构的使命、文化，甚至聘请怎样的员工，对基金会有着深远的影响力（Scheine，1992），所以应该对基金会的创办人或领导者的情况进行重点详细的披露。

理事会和监事会的人数。虽然《基金会管理条例》规定了理事的人数范围理事为 5～25 人，但是并未对监事会的人数进行限定，如果监事数量规模与理事会的数量规模丧失恰当的比例关系，容易导致监事工作无法落实，所以应该对理事和监事的人数进行披露，才能让公众了解理事是否符合规定，理事和监事的比例是否合理恰当。

理事会和监事会以及下设委员会的具体职责、理事和监事的选举情况和任期、理事和监事的独立性情况。三大机关之间是否形成权责明确、相互制约、相互补充的运行机制，并且依据法律法规和组织章程予以制度化。

②运行机制。基金会的运行规范主要包括理事会和监事会的决策机制、理事和监事的激励或约束机制等。

一是决策机制。通过披露基金会的决策主体、决策流程以及决策依据公开其决策机制。基金会的决策机制主要以会议的形式进行，但是目前基金会决策机制仅仅以披露会议的次数和出席率为主是远远不够的，虽然会议次数反映了理事会对基金会治理的重视程度（2012，张立民），但是，由于我国非营利组织的理事会虚设和个人化控制问题普遍存在（颜克高，2012），因此，会议次数和出席率对基金会绩效的影响往往非常有限，会议次数形式化问题严重。所以应该补充其他影响会议效果的因素，除了会议的次数、会议时间、会议地点之外，应全面披露基金会会议参与者、会议主题、会议流程、决策过程、会议效果，同时应该披露监事会报告。

二是激励机制或约束机制。基金会同样存在着委托代理问题，同样要采取"萝卜加大棒"的双重机制，有效的激励或约束机制能够激发员工的责任感，促使的目标和组织目标保持一致，是基金会保持前进发展的动力。目前我国对基金会激励机制或约束机制的披露仅限于理事成员是否获得物质报酬上，由于基金会的性质，意味着基金会员工的工作以追求社会公益、精神奖励为主要目标，不应以获得等价的物质报酬为主要目标，所以基金会应通过披露激励机制或约束机制使公众了解激励机制或约束机制设计的合理性。

三是管理者的物质报酬情况。理事和监事物质报酬是对他们为基金会付出了努力和劳务支付的补偿，但是获得物质补偿并不是基金会管理者的主要目的，也不是基金会吸引人才的主要手段，基金会的资金应该主要用于公益事业。颜克高（2006）认为，过高的货币报酬会使关心社会公益的公众认为非营利组织将他们的捐赠在内部分配而没有用于公益事业，从而导致非营利组织的诚信危机。因此基金会应披露理事和监事的物质报酬情况，以反映是否符合《基金会管理条例》"在基金会领取报酬的理事不得超过理事总人数的1/3""基金会工作人员工资福利和行政办公支出不得超过当年总支出的

10%""监事和未在基金会担任专职工作的理事不得从基金会获取报酬"的规定。

四是管理者的工作评价。管理者的工作评价信息既是对管理成员的激励机制同时也是对其的约束机制。在基金会中，单一的物质报酬模式无法起到明显的激励作用（刘丽珑，2015），所以应该寻求精神激励或约束的方式来激发理事和监事等管理者的工作动力。对管理者肯定的工作评价，是对其进行成就感、认同感和信任感的满足；相反，对管理者否定的工作评价，则是对其起到紧迫感、压力感的约束作用。

五是管理者进入和退出机制。目前我国基金会理事和监事的选聘主要是通过基金会创办人、基金会领导层或政府指定，随着基金会的发展，行政化成为必然趋势。基金会应该引入人才市场机制的管理者公开招聘及投标制，使得基金会管理人才资源得到合理配置。同时，基金会应建立管理者的处罚机制和退出机制。以此趋势相适应，基金会应该披露基金会管理者公开竞争、进入和退出的机制和程序，并且公布管理者人员变动以及情况说明。

（2）组织管理制度。管理并不局限于企业，非营利组织专业化管理的重要性也日益凸显。相对营利组织强调效率为主的目标不同，基金会等非营利组织需要兼顾公平和效率的目标，这就增加了基金会组织管理的复杂性。为了实现基金会组织的长远使命和保证组织健康发展，基金会必须建立一个多维、长效的管理体制。有些学者将营利组织的一些管理方法应用于非营利组织中（例如，曾旗，2008；陈晓曼，2011；等等）的确有效解决了非营利组织管理中出现的一些问题，但是，非营利组织与营利组织的性质不同，也决定了非营利组织管理有一定的特殊性。因此，基金会应当披露内部管理制度的信息。

基金会的管理制度应该是在组织目标的指引下制定的，包括内部活动管理制度和外部活动管理制度。基金会应该披露的内部活动管理信息有技术支持、财务管理、人力资源管理等；外部活动管理信息有筹资管理、项目运作管理、投资管理等。这些信息有利于信息使用者对基金会组织能力进行评估，确定基金会是否具有完成使命的能力。

3. 组织业绩维度

《2014 年度中国慈善透明报告》的调查显示，公众最希望了解的是"资金去向与使用状况"，其次为"善款来源"，这两项的排名与 2013 年一致。曾强（2008）认为改进与筹资相关信息披露能够改善非营利组织筹资困难的情况。安东尼和杨（Anthony & Young, 2003）建议用效率和效果两个标准来对非营利组织的绩效进行衡量，而效率和效果的信息主要来源于财务报告、接受捐赠的信息和受托责任（项目信息）情况。英国《慈善法》慈善法规定慈善组织要全面反映慈善组织每天收到和支出资金的数额、收入的来源和资金的具体去向；理事会报告年度内慈善组织的募捐活动并与设立的募捐活动预算进行比较。我国《基金会信息公布办法》也规定公募基金会组织应该披露募捐活动的信息以及基金会开展公益资助项目的信息。

（1）接受捐赠信息。捐赠收入水平越高的非营利组织往往意味着其社会声誉越高，社会信任度也更高（Okten & Weisbrod, 2000）。基金会接受捐赠是基金会与内部、外部交流的一个过程，基金会披露接受捐赠情况，既是对该组织资金来源的稳定性、充分性情况的说明，也是体现基金会综合素质和行动能力的一项活动。

①捐赠相关政策，包括机构免税资格及证明、捐赠免税信息（捐赠者如何免税信息）、捐赠程序、捐赠票据说明（机构开具何种票据）、捐赠隐私条款；

②捐赠的日常信息披露，包括捐赠者名单、善款用途、年度捐赠总额以及定期及时更新捐赠者信息；

③募捐活动信息，包括劝募书或劝募宣传资料、募捐免税说明（募捐是否可免税）、募捐款物使用计划、募捐款物明细和总额、募捐成本。

（2）项目信息。项目既是基金会向社会公众和企业筹集资金的"吸铁石"，也是基金会向受众群体提供的最终产品和服务形式，越来越多的基金会以项目作为机构运行的核心来组织机构的设置和开展工作（葛顺道等，2009）。基金会通过披露项目信息，既能让信息使用者了解基金会项目运行效率、受托责任的履行情况，并接受公众监督；又能为潜在捐赠者进行捐赠决策提供参考。邓国胜（2001）认为，"项目是在一定时间内为了达到特定目标而调集到一起的资源组织，是为了取得特定的成果而开展的一系列相关活动。"因此，从基金会的角度，项目至少应该包括五个要素，即明确的目标、工作任务、资源的使用、生命周期和结果评价。基金会披露的项目信息包括以下方面。

项目简介：项目名称、项目目标、项目负责人、项目参与人员、项目背景、实施时间、受益群体。

项目预算：项目预算和支出、项目支出占机构总支出的比重。

项目资金的使用情况：项目实际支出情况、项目支出与预算的差额。

项目实施效果：是否达到目标、受益群体的具体受益情况、项目对整个社会的影响。

项目第三方评估结果：第三方评估机构对项目的效率和效果进行评估的结果。

（3）反馈机制。提高基金会的公信力的重要环节就是通过基金会和利益相关者的互动达成理解和共识。通过建立基金会的反馈机制，实现反馈渠道的便利、畅通和有效性，不仅能够增强利益相关者的回应与互动，提高社会公众的支持度和信任度，同时也能够为基金会的自我管理提供帮助。基金会的反馈机制信息包括：常设性服务电话或其他联络方式；基金会官方网站设立疑问解答、互动交流版块；客户、员工满意度调查；客户投诉回应效率；其他反馈行为。

4. 发展能力维度

（1）创新能力建设。创新能力不仅仅对于企业来说非常重要，对于基金会等非营利组织来说也是提高运营效率、推动组织发展的关键因素。面对目前社会对基金会等非营利组织要求的不断提高、捐赠市场僧多粥少的局面，基金会只有不断提高创新能力才能为组织提供持续发展的源泉，才能走在社会的前列不至于被淘汰。基金会的创新能力首先应该关注筹资能力的创新，民政部民间管理局对在民政部登记的基金会年检结果发现，我国基金会筹款能力整体较弱，理财之道匮乏。通过培养组织的创新能力，培养社会网络、拓展多种筹资渠道和筹资方式，提高筹资能力。另外，还要注重管理能力的创新，如爱德基金会通过对组织新文化的培养，提出了"三心"文化（博爱心、事业心和进取心），创新地借助了精神文化的管理，构筑了有特色的组织文化，提高了爱德员工的凝聚力和使命感，以此推动组织的运作效率和公信力。对于组织创新能力建设的信息，基金会应该根据组织自身情况进行披露。

（2）职业化人才建设。基金会从事的慈善事业是一项系统工程，无论是劝募、筹款、投资、数据处理、项目管理、财务管理、人事管理、监督管理，都体现出对专业职能的要求，并且随着基金会规模的不断壮大、业务更加多样化，使得基金会各项活动的专业技术需求越来越突出。只有专业化的技术和规范化的工作方式才能形成基金会持续发展的运作机制。资中筠教授认为，只有职业化才能提高慈善事业的公信力和捐赠人对慈善项目执行能力的信任，才能为企业慈善捐赠解除后顾之忧，从而激发全社会参与慈善的热情①。但是，如何设计职业化人才的激励机制是核心问题。职业化意味着具有专业技能的人才放弃了其他社会工作的机会，以基金会的慈善事业为生，基金会应该根据基金会宗旨制定人力资源规划，确定人才引入、人才培训和人才考核等一系列人才管理办法，同时应该依照机会成本原则，给予职业化人才相当水平的收入，以维持必要的人力再生产。基金会应该披露的职业化人才建设的信息有：组织当期招聘专业人才的情况；组织当期用于人才培训的情况；组织目前人才的学历、专业技术职称结构状况。

二、建立健全我国基金会治理机制

基金会等非营利组织的优势在于它并不依照市场等价交换的原则而是通过慈善和志愿精神获得资源，因此公信力是基金会等非营利组织持续健康发展的基础。基金会的社会公信力是从对称的信息中逐步获得的，而这种对称需要在良好的监管机制中建立。纵观发达国家非营利组织完善的信息披露，都离不开其健全的法律体系、有效的政府管理、完善的内部治理机制、强有力的社会监督这一系列的配套体制。因此，强化内外部治理机制，对保证我国基金会信息披露质量具有至关重要的意义。

---

① 职业化运作方式引起同行高度关注，浙江日报 http：//zjrb. zjol. com. cn/html/2006 - 02/26/content _ 50206. htm.

（一）健全基金会相关法律制度

我国基金会发展的历史不长，信息披露制度存在很多不规范之处，需要强制性力量来约束基金会的信息披露行为，因此，需要借助法律法规的力量来明确基金会信息披露的义务，并对拒绝履行义务的基金会进行惩罚。

1. 明确基金会法人性质和地位

1986 年我国的《民法通则》将法人分成机关法人、事业单位法人、社会团体法人、企业法人四种类型。1988 年《基金会管理办法》将基金会列为社团法人。但是，基金会以特定财产为集合体的特性有悖于社团法人的概念，因此，2004 年《基金会管理条例》中将基金会定位于"非营利性法人"，这是业界争取 10 年的结果。《基金会管理条例》将基金会定义为"非营利性法人"，比基金会"社团法人"的定位更为贴切，但是非营利性法人并不能体现基金会资合的特点，同时也不在我国民法法人分类范围内，这使得基金会的法人地位产生了模糊和真空区域，影响了基金会的独立性。引入财团法人制度有望结束这种"有名无实"的情况。虽然我国目前的法律制度没有明确规定财团法人制度，但是我国学术界普遍认可财团法人制度，我国主要的民法教科书中都把法人分为社团法人和财团法人两种基本类型，我国国内诸多学者也主张中国的基金会制度其实就是财团法人，我国的基金会在事实上采取了财团法人的法律形式（朱孟林，2013）。韦静（2013）认为，在民事立法中应该引入财团法人这个重要的形式。理由如下：第一，因为《民法通则》没有使用财团法人的概念，基金会等财团法人形态被归入社会团体法人或合伙，会带来了理论上的混乱。第二，设立财团法人制度符合大陆法系的立法模式。第三，我国基金会发展的现实需要法律上的认可和规范。所以从长远角度出发，仅仅以行政规章的形式确立基金会的法律地位是不够的，应该对其上位法律比如民法甚至宪法也做出相应的修订，只有这样才能真正明确基金会财团法人的定位，才能真正保护基金会在不同层面和不同方面获得持续的合法性。

2. 完善基金会相关法律法规体系

目前我对基金会的监管主要依据《中华人民共和国公益事业捐赠法》这

一法律，但是，《中华人民共和国公益事业捐赠法》只是一些原则性的规定，其中只规定了基金会的公益目的，缺少相关的具体实施细则，同时与其他配套法律之间也缺乏衔接性，导致其在司法实践中操作性不强。很多学者提出对非营利组织统一制定《非营利组织法》的主张，笔者认为非营利组织的内涵比较宽泛。非营利组织中各类组织各具特色，基金会与非营利其他组织的原来具有很大差异，如果将这些个性迥异的组织强纳入同一部法律下，不利于保障各自的发展，所以应该根据基金会自身的特点制定《基金会法》，法律效力与《公司法》等同，同时还应该对目前的相关法律法规进行修订和丰富，使之具有较强的操作性。《基金会法》应该全面涵盖基金会的登记管理、组织结构、运行机制、财务会计制度、税收优惠、信息披露、绩效评估等内容，且每一个部分的制定都需要很强的专业性和巨大的人力、物力和成本投入，在我国目前基金会立法基础比较薄弱的条件下，期望将它们在较短的时间内制定完成，并整合进统一的一部法律内难度很大。因此，本书建议，应考虑"自下而上"的立法方式，即针对具体某个问题制定和完善单行法或对目前已有的规章制度进行整理和修订，待时间成熟了，再将《基金会管理条例》修订升级为《基金会法》。最终，形成宪法—法律—行政法规—部门法规的多层次健全的法律体系，从多方面、多角度对基金进行监管，促进基金会的健康有序的发展。

3. 完善税收优惠为基础的税收监管

综观世界慈善事业发达国家的政府与基金会之间的关系，以立法赋予基金会独立法人地位、以税收等利益激励机制作为核心治理方式无疑是主流和趋势（冯辉，2013）。目前，我国关于基金会的税收激励机制主要包括：基金会本身享有税收优惠以及捐赠者享有税收优惠[①]。虽然我国对基金会税收激励规则不少，但是其涉及的法规众多，且大多是以部门规章形式确定，具体规则比较散乱，缺乏整体性。

首先，应该对目前现行的关于基金会及捐赠者税收问题的规章制度进行

---

① 目前我国针对基金会税收优惠相关法律法规主要有《企业所得税法》《企业所得税法实施条例》《个人所得税法》《关于非营利组织企业所得税免税收入问题的通知》《关于非营利组织免税资格认定管理有关问题的通知》《关于公益性捐赠税前扣除有关问题的通知》等。

整合，避免从税基、纳税对象等不同方向同时做出规定，并且最终通过《基金会法》等高位阶的法律确立起税收问题框架，体现"税收法定"的原则。其次，应该进一步提高税收优惠力度。目前我国对基金会的税收优惠政策在实践中的激励效果不够明显，美国捐赠额在应税所得的税前扣除比例为个人捐赠50%，新加坡、澳大利亚则是全额扣除，相比之下，我国税收优惠比例太低。同时随着基金会的不断发展，应该结合基金会的类型、规模和绩效，对所得税、流转税、行为税、财产税等各个税种上明确具体的税收优惠制度，并且能够与时俱进，如目前已经出现股权捐赠的情况，相关法规应该对新出现的情况加以调整，以充分发挥税收激励机制对基金会的引导作用。最后，应该借鉴美国以税收为核心的激励性监管机制，通过制度和利益的诱导，比如税收优惠等级与基金的评估等级或违规行为等挂钩，设置弹性灵活的激励机制，实现对基金会组织结构和行为方式的有效调整。目前《关于公益性捐赠税前扣除有关问题的通知》规定与基金会的行政处罚情况、年检情况、评估等级、公益支出、净资产等达到特定标准才能公益性捐赠税前扣除，虽然并没有进一步规定阶梯式税收优惠，但是已经与简单限定免税资格相比更为灵活和有效，应遵循此改革思路进一步前进。

（二）重塑政府对基金会的监管

目前我国政府对基金会的监管主要体现在双重管理体制上，即基金会的设立和运作必须接受两个不同部门的监督管理，一个是登记机构；另一个是业务主管部门。双重管理体制适应了当时基金会的发展环境，有利于国家从宏观角度对基金会的管理。但是，随着基金会的发展和环境的变迁，带有浓厚计划经济体制色彩的双重管理体制已经阻碍了基金会的发展，限制了基金会的独立性，从而导致了基金会内部的治理效率低下和信息不透明等问题。同时由于登记注册的高门槛，大量的非营利组织无法登记游离于政府监管之外，也导致政府无法对基金会进行全面有效的监督和管理。所以近年来，对于"降低门槛，摒弃双重管理制度"的呼声越来越高，重塑政府和基金会等非营利组织的关系，成为当前非营利组织改革的重要问题。

1. 合理设置基金会的准入门槛，简化登记程序

我国《基金会管理条例》规定："全国性公募基金会的原始基金不低于800 万元人民币，地方性公募基金会的原始基金不低于400 万元人民币，非公募基金会的原始基金不低于200 万元人民币；原始基金必须为到账货币资金。"除此之外，基金会的设立还要有主管单位的批准，并且还要进行比较复杂的登记程序。相比之下，国外对非营利组织登记注册一般没有明确的资金要求，对最低人数要求也不高。在美国，公益慈善组织的门槛相较我国低很多，公益慈善机构只需要得到政府的行政许可就可以开展公募活动；个人或家庭可也通过对捐款人动员和承诺发起注册一个基金会去募集资金与行使善举。《加拿大公司法》要求非营利组织成立时创始人数量为 1~3 人不等，至于信托组织甚至不要求有建立者。基金会的高门槛造成许多游离于法制外的"非法组织"，不利于基金会的发展，也不利于政府的监管。综观各发达国家，政府对基金会等非营利组织的态度和法律体系，一个共同的趋势就是"从重入口管理逐步转向重过程的监管"。所以，合理设置基金会的准入门槛，简化登记程序，使得"善门易入"，也使众多"潜伏的基金会"能够浮出水面，取得合法的身份地位，更好地进入政府的监管范围中来，从而保护捐赠人和社会公众的合法权益。

2. 去行政化，改变双重管理体制

基金会的设立和运作必须接受登记机构和业务主管部门的双重管理，一方面容易造成基金会行政色彩过重，甚至行政干预会造成对基金会的实际控制；另一方面造成登记单位和主管单位责任义务互相推诿的情况。所谓有效的监管，应该是依法监管、有限监管、透明监管（齐晓钰，2006）。政府的不适当干预导致基金会无法真正行使其权利，无法形成有效的内部治理机制，限制了基金会的健康发展。统一、独立的基金会监管机构是目前基金会监管制度的最优选择。英国慈善委员会（The Charity Commission of England and Wales，CCEW）与我国目前行政监管的模式较为接近，因此，王名（2005）建议，借鉴英国慈善委员会模式，在现行民间组织管理局的基础上，建立民间组织监管委员会（以下简称"民监会"），直接隶属于国务院。将原来分散于主管业务单位和相关单位的权利统一到民监会，同时在基金会的成立、运

作过程中的专业问题，可以由相应的业务部门和政府授权的中介组织进行资质认证和业务指导。只有统一、独立的监督机构才能保证基金会的独立运作，行使有效的监督，促进基金会的健康发展。2011 年民政部提交的《基金会管理条例》（修订草案送审稿）中，删除了关于业务主管单位的规定，取消了基金会的双重管理体制，并且自 2011 年以来北京、上海、广东等 20 多个省、市已经陆续在社会组织管理体制上先行先试，采取各种方式突破双重管理的障碍，取消当前双重管理体制的改革已箭在弦上。

（三）强化多方位的社会监督

1. 行业互律

行业互律是行业协会或专业社团，通过制定行业内单个组织行为准则，并负责实施规则和标准，以及诸多对行业产生普遍影响的活动，如披露组织信息，建立最低安全和质量标准，创建行业行为守则（GuPta，1983）。

1998 年，在中国青少年发展基金会、中华慈善总会等旗舰基金会和业内专家学者的倡导下，成立了"基金会和非营利机构信息网"。它以公益性非营利组织为服务对象，通过论坛、培训、网络建设等手段，构筑 NPO 业内以及政府、营利组织之间的交流与合作的平台，并致力于推动 NPO 的立法进程。2001 年，"基金会和非营利机构信息网"正式注册更名为"NPO 信息咨询中心"（China NPO Network，CNPON）[①]，它以促进中国第三部门的发展为己任，成为国内最重要的 NPO 支持组织和自律倡导性组织。其主要任务是：建立 NPO 网络系统，为中国 NPO 提供信息与咨询服务；开展全方位的培训工作，推进该 NPO 能力建设；注重中国实务方面的探索和积累，推进研究与发展工作。尽管目前 NPO 信息咨询中心的发展迅速，但是毕竟势单力孤，覆盖面有限，难以形成全面持续的行业监督网络。2010 年，基金会中心网正式启动，基金会行业自律进入更成熟的阶段。

（1）建立行业组织。行业组织的建立可以使基金会更具有向心力，有利于创造行业内交流与合作的平台，同时也能更好地规范基金会的行为，

---

① http：//www. baike. com/wiki/NPO% E4% BF% A1% E6% 81% AF% E5% 92% A8% E8% AF% A2% E4% B8% AD% E5% BF% 83.

有利于基金会之间的互相监督和行业自律。行业组织可以根据基金会的特点，制定规则并对基金会履行情况负责，也可以通过多种形式、多种角度对基金会的情况进行披露，有利于弥补我国目前法律法规对基金会信息披露制度的缺陷。目前我国可以通过建立行业协会的形式成立基金会的行业组织，例如，2007年12月，北京率先成立了北京慈善行业的行业协会组织——首都慈善公益组织联合会就是很好的尝试。行业协会可以根据各自类型基金会的特点进行监管和信息公示，同时促进交流、协调、合作，建立行业自治和基金会自律体系，提高整个行业的管理水平和公信力，推动行业更健康快速地发展。

（2）制定行业标准。制定行业标准是提升基金会管理水平以及确保基金会组织公信力、透明度的必要手段。任何一个行业都需要在统一的规范和标准下得到发展、成熟和壮大。2003年11月，在由中华慈善总会等国内多家民间组织共同发起的"跨国公司与公益事业高级论坛"上，10多家基金会和民间非营利组织的领导人共同发起《中国非营利组织（NPO）公信力标准》（以下称《标准》）。该《标准》对组织使命、内部治理、组织协作、财务透明、信息公开等各个环节都做出了详细的规定，对非营利组织行业规范发展具有重要意义，但是该《标准》并未区分不同类型的非营利组织，更不用说进一步细分不同类型的基金会组织，是具有行业普适性的标准，因此，缺乏针对性。今后进行行业标准或规范的制定，应当在各级行业协会逐步建立的条件下，根据不同类型的非营利组织，细化行业标准，对组织目标、组织和工作人员行为分别做出规定，以此加强行业标准的适用性，强化其监督管理的作用。

（3）推行行业评价制度。由于基金会等非营利组织的特殊性，其评价结果与企业不同，存在多元化的评价标准，业外人士和社会公众难以在基金会之间进行优劣比较，所以通过建立业内评价机制，能够为引导公众选择捐赠对象，为政府资助基金会提供参考，同时形成基金会优胜劣汰的竞争机制，激发基金会自我提升的动力。我国也对基金会实行业内评价进行了实践探索，民政部于2007年年底进行了基金会的评估工作，共有69家基金会进行了评估，将评估结果分为五个等级（未参评为无级）。行业协会可以利用其人力资源和专业优势，对不同类型或行业的基金会进行细化评估，逐步构覆盖面全面的行业评价平台。同时，可以推行行业赞许制度，对评估排序连续领先并绩效卓越的基金会进行赞许表彰，赋予某种特定的标志性认证，提高优秀基金会的示范效应和社会影响力。

2. 基金会审计制度

我国目前对基金会审计的规定主要见于《基金会管理条例》（2004）、《基金会年度检查办法》（2005）、《民政部民间组织管理局关于加强全国性民间组织财务审计工作的通知》（2006）、《关于进一步加强和完善基金会注册会计师审计制度的通知（征求意见稿）》（2012）（以下简称《基金会审计征求意见稿》）、《基金会财务报表审计指引》（2013）。

2004 年的《基金会管理条例》规定只需要基金会出示注册会计师审计报告，对会计师事务所的资质并没有做出具体要求，只要是合法登记的会计师事务所都有资格对慈善基金会进行审计。2006 年《民政部民间组织管理局关于加强全国性民间组织财务审计工作的通知》要求民间组织在招投标范围内选择会计师事务所，意味着民政部开始重视对会计师事务所资质的选择，并对低质量的会计师事务所进行排除。2012 年《关于进一步加强和完善基金会注册会计师审计制度的通知》中进一步提出"百强事务所"才有资格实施针对基金会的审计，"百强事务所"要求使得会计师事务所的质量评价标准更加科学和客观。从以上我国基金会审计的法律制度来看，已经取得了一定的进步和成效，但是还应该从以下三个方面进一步完善。

（1）构建和完善三方审计体系。独立、公正和专业的第三方审计，对于减少外部捐赠者与基金会之间的信息不对称起着重要的作用，同时也有助于管理者借助审计结论更好的改进管理机制提高组织绩效，从而实现外部审计的治理效应。审计机制的完善仅仅依靠外部审计是不够的，应该还要发挥基金会的政府审计和内部审计的力量。政府审计具有独立性和权威性，能够发现并修缮深层次的政策或制度缺陷，从宏观上保证基金会的健康发展；内部审计能够深入地了解基金会内部运营运作流程，从微观上促进基金会的健康发展；外部审计从独立第三方的角度对基金会披露的信息进行审查，公允专业地发表意见，对社会公众负责。三种审计制度各司其职，相互促进，共同组成非营利组织的审计监督工作，提高非营利组织的社会公信力，形成基金会保持生命力并健康规范发展的"免疫系统"。

（2）构建"双导向"的外部审计制度。企业对审计的导向主要建立在风险导向审计上，但基金会审计不能仅以风险为审计导向。基金会的资金主要来源于社会捐赠和政府补助，其财产是具有公益性的社会公共财产。基金会本身并不具有财产的所有权和收益权，但是负有将其财产按其宗旨和捐赠人意愿进行分配的责任，所以基金会必须对财产的使用分配情况承担解释说明的义务，对相关利益者负有受托责任。基金会等非营利组织通过提供信息和对信息进行审查，从而解除受托责任，所以应该对基金会构建"风险导向和公共受托责任导向"的双导向审计。对基金会等非营利组织进行审计，不仅要实施风险评估程序设计，而且审查基金会是否按照有关规定和标准将组织所有活动向有关利益者进行说明，从而促进非营利组织绩效和社会公信度的提高。

（3）提高非基金会等营利组织会计和审计人员的专业水平。按照《基金会审计征求意见稿》的要求，只有在中国注册会计师协会公布的上一年度全国会计师事务所综合评价前 100 名的会计师事务所，才有资格实施针对基金会的审计。高质量审计对基金会的社会形象和捐赠决策都会产生关键的影响，财政部、民政部联合发布《基金会审计征求意见稿》将事务所质量作为首要标准具有重大的意义。但是目前针对会计师事务所注册会计师的考试制度基本是基于企业会计和审计而设置，非营利组织会计与企业会计具有很大区别，审计师的知识结构不一定适用于非营利组织，这就使得会计师事务所对基金会等非营利组织的审计质量实际上无法得到保障。基于以上分析，应该研究建立非营利组织会计人员资格评价机制，加强职业技能培训，提高非营利组织会计人员专业素质，培养后备人才，提升非营利组织的专业审计能力。

3. 第三方评估

在对基金会的评价上，一些捐赠者由于缺乏专业的财务知识或其他原因，常常不能对关注的基金会组织的财务信息或非财务信息进行正确的判断和评价。评估机构在捐赠市场扮演着传递信息的角色，严格的评估体系可以为基金会的表现提供具体的衡量标准。从国外的经验来看，评估机构的评估结果不仅仅为公众评价基金会提供了参考意见，促成社会理性捐赠的氛围；同时评估机构的评估体系也为基金会本身的信息披露提供了标准和引导，评估机构所提供的信息已经成为社会各界了解基金会的另一个窗口。

我国基金会等非营利组织的评估制度目前处于摸索阶段。2007 年，为了贯彻落实党的十六届六中全会关于"引导各类社会组织加强自身建设，提高自律性和诚信度"，民政部颁布了《全国性民间组织评估实施办法》，启动了全国性民间组织的评估。民政部于 2007 年年底进行了基金会的评估工作，共有 69 家基金会进行了评估，评估结果分为六级①。2011 年，为进一步规范社会组织评估工作，完善评估工作机制，民政部出台《社会组织评估管理办法》，分别对评估对象与内容、评估机构和职责、评估程序和方法、回避与复核、评估等级管理做出了规定。2011 年，我国成立了首家独立的第三方评估机构，专为慈善组织评级的机构——中国慈善指南网（China Charity Navigator，CCN）。中国慈善指南网的建立促进中国慈善组织的规范化、透明化，是非营利组织评估发展史中重要的一步。截至 2012 年 1 月，中国慈善指南网已经公示了对第 2523 家中国内地慈善机构的评级。但是，我国基金会的评估机构仍应从以下三个方面进行改进。

（1）提升评估机构的影响力和社会认可度。美国等非营利组织发展较为成熟的国家，评估机构对慈善慈善行业的影响力广泛，正如戈登等（Gordon et al.，2009）证明的那样，捐赠对评估结果的变化非常敏感。慈善机构能够主动积极地参与评估机构的评估，捐赠者愿意依赖于评估机构的评估结果做出捐赠的决定。目前中国非营利组织相关评估制度与实践已经渐渐发展起来，但是其影响力和社会认可度情况令人担忧。如截至 2011 年 12 月，中国慈善指南网已对国内 1 500 多家基金会及社会团体进行了评级，但仍有近千家基金会的财务等信息未获取，无法进行评估。其他的第三方评估行为也存在类似问题，评估只能体现部分基金会的相对水平。只有提升评估机构的影响力，提高基金会本身积极参与评估的意识，激发捐赠者、社会公众对评估机构的强烈的认同感，才能使评估机构真正发挥其重要作用。

---

① 《全国性民间组织评估实施办法》规定评估结果的 5 个等级，依次为 5A 级（AAAAA）、4A 级（AAAA）、3A 级（AAA）、2A 级（AA）、1A 级（A）以及 0A 级即参加评选但是没有获得等级的基金会。

（2）保证评估机构的独立性。以民间力量为主体的评估机构可以站在第三方的角度上，提供专业、独立、公正的评估意见，不仅可以从外部者的角度为基金会等非营利组织管理者提供建议，有助于基金会等非营利组织的自我建设，同时也有助于整个行业规范发展，增强基金会组织与社会公共的互信与互动。独立的第三方评估制度与政府监督相比有效得多（刘俊，2008）。在实际运作过程中，第三评估机构往往会面临资金困难的问题，社会公众只希望得到免费的信息，但不愿为评估结果买单，这给评估机构的生存带来的很大问题（沈慎，2012），所以建议采取民办公助的模式。在评估机构建立初期，可以由政府购买评估结果，免费提供给利益相关者，待评估机构有一定的社会影响力之后，评估机构可以适当收取会员费、认证费等增加自身收入，从而保障评估机构的可持续发展。

（3）逐步建立完整健全的评估指标体系。中国慈善指南网借鉴了美国最有影响力的独立第三方评估机构美国慈善导航（Charity Navigator），根据中国慈善行业的发展情况做出了相应的修改而建立。中国慈善指南网的评估指标不仅包括了财务分析指标，还包括了慈善组织的透明度和问责情况，尽可能保证了评估的公平与公正，但是正如美国慈善导航网总裁肯·博格指出的那样，中国慈善指南网也存在"只有执行的情况，但并没有关于执行效果的报告"。一方面评估机构应该不断探索建立从效果层面评价非营利组织指标；另一方面尝试通过调查开放利益相关方的反馈情况让社会公众自行形成对非营利组织执行效果的评价，从而形成基金会等非营利组织的"财务状况—项目执行—实践效果"三个层面完整的评估体系，最大程度上保证了评估过程和评估结果的完整与公平，增加公众对慈善机构的信任度。

4. 社会公众治理

基金会等非营利组织接受社会捐助并享受税收优惠，就应该接受社会监督与问责。社会公众监督属于非正式的监督制度，但是，社会公众监督具有覆盖面广、操作成本低、灵活有效的优点，已经成为基金会监督机制中至关重要的部分。

（1）捐赠者监督。基金会等非营利组织依赖捐赠者捐赠资源生存与发展，捐赠者的监督是非常有效的监督方式，如我国慈善家曹德旺先生向中国扶贫基金会提出"最苛刻捐款"，开创了中国捐赠者对公益捐款问责的先河，事实证明捐赠者监督效果十分显著。捐赠者可以通过三种方式对基金会组织进行监督：一是事前监督。首先，捐赠者可以通过了解组织相关资料、审查组织的财务报告等方式决定是否进行捐赠；其次捐赠者可以通过对捐赠资产的使用方向和渠道进行限定即捐赠者意愿限定，从而达到监督的目的。二是事中监督。捐赠者按照组织章程规定的程序进入理事会，成为理事成员即组织决策层中的一员，通过参与决策过程，监督资金的使用过程；或是进入组织内部监督机构监事会，成为监事会成员，监控组织活动。三是事后监督。捐赠者通过事后审查组织的项目进度情况、财务报表和审计报告等对非营利组织进行评估。如果捐赠者对其执行情况和执行结果不满意，将不再对基金会进行捐赠。

（2）媒体监督。媒体监督是指通过网络、广播、电视、报纸杂志等大众传播媒介对非营利组织活动进行的监督，随着媒体的普及，媒体监督具有范围广、影响大的特点，因此，媒体监督对非营利组织具有很较强的威慑作用，特别是在发达国家，媒体监督的专业能力强。从近几年揭露、曝光的一些大型非营利组织的腐败案件来看，往往来自媒体曝光。当然媒体监督像是一把"双刃剑"，它能够弘扬慈善精神、传播慈善理念，引导人们的慈善行为，构造良好的慈善环境；但是，由于媒体传播的快速和容易造成"人云亦云"的情况，将事情的"好"或"坏"急速放大，容易在事实未明确前就造成极大的社会舆论，给某一组织带来危机或使其陷入困境。所以在媒体称为基金会组织监督的主力军时，要时刻保持清醒，充分警惕其潜在的风险，应做与媒体展开积极的合作，做好网上与线下的沟通与互动工作。

（3）公众监督。公众监督是社会监督的重要形式，它能通过公众的广泛参与，发表不同的建议和意见对非营利组织进行监督。在美国，根据美国联邦法律，任何人都有权利要求查看免税非营利组织的原始申请书及其前3年的税表；在英国，根据《慈善法》的规定，任何人只要支付一定的费用就有权获得非营利组织年度账目和财务报告。但是由于我国长期受封建思想的影响，虽然《基金会管理条例》规定社会公众的查询、监督的权利，但是根深蒂固的"事不关己高高挂起"观念，公众对基金会等非营利组织的监管意识还比较薄弱。在现实执行过程中，公众主动对非营利组织进行监督的行为很少，当一些非营利组织拒绝社会公众的监督时，公众争取和维护其监督权利的也很少（张明，2008）。值得欣慰的是，随着互联网的发展和普及，近年来，公众通过互联网对非营利组织发挥着越来越大的监督作用。从国际经验来看，社会监督是一个不可替代的机制，我国应该采取多种措施如借鉴美国政府部门和非营利组织自身设有的投诉热线、网站上的投诉专栏等做法鼓励公众对基金会组织进行监督，动员社会力量参与到基金会等非营利组织建设中来，最大程度上促进基金会的健康规范发展。

审计制度、第三方评估制度与社会公众监督并非相互独立、泾渭分明的监督主体，三者应该相互弥补、相互促进，交织为一个密不可分的整体，共同为基金会的规范发展而服务，为完善非营利组织的信息披露制度而服务，为实现基金会的使命和社会责任服务。

（四）完善基金会内部治理机制

1. 基金会内部结构

完善内部治理结构。完善的内部治理结构是强化基金会自律机制的前提。基金会等非营利组织并没有像企业那样具有赚取利润的压力以及被收购或兼并的风险，导致基金会的管理层管理行为的动力不足，并且许多研究发现，基金会等非营利组织存在大量管理层对财务信息进行操纵或粉饰业务成本的行为（Hofmann & McSwain，2013）。因此，只有构建一套健全有效的基金会内部治理机制，强化基金会公益的使命，才能防止基金会出现诚信危机，提高披露信息的全面性和可靠性。

借鉴公司内部治理，基金会的内部治理结构主要核心在于规范基金会理事会、监事会、执行机构等各方的权、责、利关系的制度安排。通过合理的安排基金会各方的权利与义务从而达成相关制约、相互督促、相互合作的关系，从而实现组织的效益最大化目标，并为提高信息披露质量，接受外部监督提供了坚实的内部基础。

①选聘合格的理事、监事。我国《基金会管理条例》第二十条和第二十二条分别只对近亲亲属关系的人员担任理事和监事做了限制，并没有对理事

和监事的产生做出严格详细的程序规定，这对基金会的治理非常的不利。一般来说，董事（理事）的选聘一般由权力机构进行，但是基金会不存在会员大会这样的权力机构，所以我国基金会的理事的选聘可以借鉴目前其他国家已有的做法：一是由发起人在发起设立时确定理事名单。我国《基金会管理条例》第九条规定申请人在设立基金会时应当向登记管理机关提交理事名单，也意含着由发起人对理事的选聘。二是由捐助人经捐助章程自由制定，并由主管部门授予许可及监督管理。三是通过评议员制度，评议员会作用是决议、咨询以及对理事监事进行选任。但是评议员会制度的建立需要立法支持或政策引导，需要较长时间的准备。目前我国先借鉴评议员的选聘资格，可以由理事会成员从基金会发起人、捐赠人、利益相关人、各行业专业人士中进行选择，并且此人必须要认同基金会的使命，具有志愿服务精神以及管理决策能力，任期满后并由其推选符合条件的优秀理事，这样既可保证理事来源的多样性、科学性和专业性，又达到实现公益性的目标。对于监事的选聘，首先应该强调其独立性，监事应当分别从行政监管机关人员、捐赠人或利益相关人中选任，减少理事会对监事会的制约；其次监事必须十分了解组织运作信息甚至比理事具备更高的财务、法律等专业知识和技能专业能力，只有如此，监事才能充分有效地发挥其监督的作用，遏制基金会管理中潜在风险的发生。

②明确权利义务。把理事会作为内部治理的核心机制。理事会制度不仅是基金会等非营利组织治理结构的核心内容，在非营利组织的发展缺乏高效的市场竞争机制的环境下治理结构也是市场竞争的替代机制（程昔武，2008）。它的目的在于确保基金会坚守组织的宗旨和航向，确保基金会的管理层不会侵害捐赠人的利益。很多学者对理事会的角色和职责进行研究，以界定"好"的治理结构。布洛克（Black，1998）认为，理事会的职责是：决定组织使命；招聘、雇佣、评估、奖励或者解雇执行官；制定政策和采用组织的操作计划；批准预算，建立财务政策和进行融资监控；充分提供组织所需资源；促进组织的透明度；招募和选择新董事，并为董事会事务提供指引；按照需要确保组织治理文档的更新，并对所有报告进行存档；保护组织的免税地位。英格拉姆（Ingram，2003）认为，理事会的职责是：决定组织使命

和目标；选举理事长；支持理事长并评估其表现；确保有效的组织规划；确定、监控和加强组织的项目和服务；有效利用资源；确保充足的资源；提供组织的公共形象；招募新董事会成员并对其表现进行评估；维护法律和道德完整性和问责责任。国家非营利理事会中心（National Center for Nonprofit Boards）给出了理事会的职责：决定组织的使命和目标；选择和支持执行官，评价其表现；参与战略规划；审批和监督组织的项目和服务；确保有效的财务管理；筹集资金；提高组织的公共形象；仔细选择新董事以组成高效的运作团队；把握理事和员工的关系。理事会制度是基金会治理结构的核心机制，具有与组织发展相关的最高决策权，根据以上学者和机构的研究，笔者认为有效的理事会所承担的责任至少包括：组织使命与目标、战略规划、财务规划和控制、筹措资金、董事会发展、选择和评价执行层、维护组织公共形象。当组织规模较大时，可以考虑在理事会下设各种委员会分别执行理事会的各项职责，理事会下设的各种委员会其实也是对理事权力进行分散和制衡，以提高决策的效率与效果。

理事会与执行层的权力分立。在公司治理中，董事会和执行层的权力是分立的，董事会具有决策权，负责选聘、评价和解聘执行层，对执行层起支配作用。执行层受董事会委托负责组织的日常运营，对董事会负责。但是在我国基金会的实际运作过程中，理事会和执行层的关系并不明确，虽然在名义上，理事和秘书长的职位是分离的，但是实际上理事长充当了理事长和秘书长双重的职责，这样虽然避免了委托代理的问题，但是也导致了理事长包揽过多事务而无法做好本职工作，执行长没有工作实权而丧失工作活力等问题，同时也使基金会陷入个人化控制的危险处境。所以应处理好理事会和执行层分权的关系，借助执行层的专业知识和管理能力提高组织的运作效率。具体而言，理事会主要负责如上所述的组织发展的宏观战略问题，执行层则具体负责组织的日常管理事务，主要包括：执行理事会决议；主持基金会的日常业务活动；经理事会授权，对外签订合同和处理业务；定期向理事会报告工作情况并提交年度报告等。

把监事会或监事作为内部监督机制。在我国，监事会是基金会等非营利组织的专职监督机构，目前对监事权利的规定主要局限于质询权、建议权和查询权。这些"软权利"无法对基金会的违规行为产生威慑作用，导致监事会虚设现象严重，理事和管理层的违规成本很低，无法达到监管的目的。所以应该保证监事的现实权利，监事应以出资人代表的身份对理事和管理进行监督，监督可以将财务活动作为重点，确保理事和管理者合规有效地履行职权，并且对有损组织利益以及违反法规的行为进行纠正和惩罚。为了更好地履行其监督职能，监事不仅要了解组织的运行情况还应列席理事会，其主要职责应包括：监督并评估理事会和管理者的行为是否符合法律法规以及基金会章程的规定；利用自身的专业水平或借助聘请的财务审计人员对基金会的财务状况如财务报表和会计资料进行检查和监督；获得内部管理信息的权利，调阅档案和约见工作人员了解情况的权利；年末向社会公众及主管部门提交关于理事会以及管理人员工作情况的分析评估报告，并提出奖惩、任免建议。值得注意的是，对于监事的监督行为要保持适度原则，既不能对违法违规行为放任不管，也不能过分干预其正常活动行为。

合理安排奖惩制度。詹森和麦克林（Jensen & Meckling，1976）提出，委托人必须给予受托人适当的激励来减少他们之间的利益差距，通过剩余索取权的分享形成激励机制，将受托人的努力诱导出来，从而克服偷懒和机会主义行为。基金会等非营利组织利润收入不能用于成员间的分配，参与基金会工作的人员往往更重视的是非物质上的满足，所以相对公司来说其激励的模式更为复杂，不能主要依靠货币激励，应该采取更多样的非货币激励。对于理事会和监事会成员，常关注职务、名誉和社会地位方面的满足，对其应注重隐性激励与约束机制，将管理权限激励、升迁激励和声誉激励相结合，提高其管理自主权和社会地位。对于较好履行职责的理事和监事应该积极给予肯定和激励，最大限度地激发其积极性和主观能动性。对于失职的理事和监事则要提高违法违规成本，如进行业内通报批评，情节严重者开除其在基金会中的职务并移交司法机关处理，以此对理事和监事的失职行为造成威慑，减少违法违规行为，维护好基金会的社会形象。而对于基金会一般的工作人员，则应侧重显性激励与约束机制，制定科学合理的考核办法，建立工资正常的增长机制并适当提高其绩效奖金或采取绩效工资的模式，通过显性激励机制提高工作人员努力工作的热情。

2. 完善内部控制制度

内部控制是可以定义为财务报告的可靠性、经营活动的效率和有效以及相关法律的遵循性而提供合理保证的到位的管理过程。CSO（the Committee of Sponsoring Organizations）对 COSO 内部控制综合框架的评价为"内部控制帮助组织实现重要目标以及维持和提高绩效"。

（1）建立管理层负责制。管理层最终负责整个控制系统有两个优势：首先，管理层是组织政策的制定参与者、执行者和监督者，管理层在组织内部控制制定、执行和评价过程中也起着主导作用，管理层对组织内部控制的重视程度直接影响了组织内部控制制度的执行程度和执行效果。其次，根据管理层权力论，在外部缺乏约束制度和内部治理机制弱化的情况下，管理层有能力影响组织的治理和决策行为，并进行寻租，意味着管理层同样可能通过权力操纵内部控制信息的披露以获取私利。因此，建立管理层对内部控制负责制可以减低管理层操作内部控制信息披露进行寻租的风险。基金会管理层对内部控制信息的管理和执行以及内部管理信息的披露是基于成本收益权衡结果，值得注意的是基金会管理层扮演的角色不仅仅是"经济人"，更多的是"社会人"的角色，所以应该针对这个特点充分考虑管理层对内部控制信息管理、执行和披露的成本和收益，进而制定管理层负责制的内部控制制度。

（2）建立健全基金会内部控制制度。从内部控制制度构建入手，借鉴国外非营利组织内部控制制度和企业内部控制制度来制定合理、科学的基金会的内部控制制度，以内部控制的核心内容和业务流程构建基金会内部控制的整体框架，明确内部控制实施的标准及具体的实施办法，为基金会的内部控制制度的具体落实提供制度基础。美国反虚假财务报告委员会下属的发起人委员会（COSO）发布的《内部控制综合框架》界定的企业内部控制要素和美国审计总署（GAO）在《联邦政府内部控制准则》中界定政府内部控制要素基本一致，包括：控制环境、风险评估、控制活动、信息与沟通、监控共五个要素（被缩写成 C. R. I. M. E.），这是被普遍认可和影响广泛的内部控制核心要素的界定，因此可以结合我国基金会的特征借鉴国际上现有内部控制制度构建我国基金会的内部控制制度。

控制环境。C. R. I. M. E. 缩写中的第五个也是最后一个元素，控制环境是最重要的因素。控制环境能够影响员工和利益相关者对组织的看法，其设定了组织管理的"最高基调"，它是内部控制活动所依托的运行环境，也是组织内部控制框架的基础。基金会等非营利组织的目的是为特定的对象提供公共产品和公共服务，维护和提高社会公共利益。其内部控制的环境控制的建立应该有利于实现其特定的组织职能和目标。因此，基金会的控制环境主要包括基金会的组织管理理念、组织文化与社会责任、诚信和道德价值观、管理人员的素质和胜任能力、组织机构的设置、权责的分配与授权等方面的内容。

风险评估。每个组织都会存在内部和外部的风险，必须进行评估。评估通过对基金会等非营利组织的内部控制的效率和效果进行测试或验证的一种检查，以避免风险成为陷阱。进行自我评估对非营利组织来说有三个好处：非营利组织的财务报表的审计成本的减少；减少信息风险；非营利组织欺诈风险的降低（Maguire，2014）。非营利组织的风险评估是识别、分析和管理与非营利组织的目标和职能相关的风险。对于基金会来说风险评估应该包括两个层面：一是组织管理层面的风险评估，包括对政策和程序、治理结构、理事会受托责任的理解等风险评估；业务层面的风险评估，包括预算、收支活动、采购活动、工程项目、资产管理、合同的风险评估等。

控制活动。控制活动根据风险评估的结果，采取相应的控制措施以消除或降低风险的一系列制度和程序。基金会等非营利组织的目标呈现多元化特征，为了实现组织的目标必须对组织活动进行有效的控制。控制活动能够限制妨碍组织达到最佳实践和既定目标的风险（COSO，2013）。控制活动的措施通过职责的分离控制、授权审批控制、会计系统控制、财产保护控制、预算管理控制、绩效考评控制和信息系统控制。

信息和沟通。信息系统通过跟踪非营利组织经营、财务、法律上的信息从而在内部控制制度发挥重要作用，沟通制度则保证了信息在组织内部员工之间和外部合作伙伴传递的是准确的信息（COSO，2013），所以完善有效的信息与沟通系统可以提高基金会内部控制的效率和效果。首先应该建立反映基金会财务、资金筹集、营运和分配等状况的效率和效果信息的绩效信息披露报告制度，该报告制度对基金会信息的披露、总结和分析的信息汇总；其次利用计算机技术平台构建内部控制的绩效信息化系统，该系统促进了信息的快速、有效的沟通。

监控。监控是非营利组织的内部控制的监督程序。监测是为了减少内部控制制度存在的缺陷，所有的缺陷都必须报告和纠正以确保内部控制系统是有效的。由于基金会产权的公益性，对基金会的内部控制的监督应采取建立内部监督和外部监督的双重监督模式。内部监督主要通过建立基金会内部审计制度和内部评估制度进行，而外部监督则应通过外部审计以及独立的第三方评估机构进行。

结束语

李克强总理在 2014 年 10 月主持召开的国务院常务会议时强调，增强慈善组织公信力，把慈善事业做成人人信任的"透明口袋"。基金会等非营利组织的信息披露非常重要，普特南（Putnam, 1992）指出，特定的非营利组织由于其特性在社会活动中所扮演的角色法律规范层级机构的形象不仅影响他们的直接受益者，还影响着周围的社会和经济环境。通过披露更多信息使得非营利组织更加透明是解决目前最受关注的非营利的问责制问题的关键（Saxton et al., 2012）。但是目前我国基金会信息披露质量并不理想。基金会等非营利组织对社会公众负有受托责任，信息披露的不完善，导致了我国基金会等非营利组织遭受到着公信力危机。实际上，在非营利组织相对发达的西方国家，基金会等非营利组织也承受也各方的质疑，因此，公信力的建设是世界面临的共同话题。

通过信息披露更好地强化非营利组织的公共受托责任是重塑非营利组织公信力的重要途径。基金会借助信息披露重塑基金会的公信力，不仅在于是否披露了信息、披露的内容，还在于信息披露能够给公众传递基金会关于受托责任履行情况的信息，即通过基金会信息披露法律法规的制定，对基金会披露信息的内容的完整性和规范性进行统一规定；同时也必须让公众认为基金会披露信息还是全面、可靠和准确的，是在完善合理的内部治理机制和外部治理机制的共同合作下产生的。因此，以实现社会公信力目标的基金会信息披露制度并不是一项简单的工程。首先，本书以公共受托责任为理论基础，探讨基于受托应该完善信息披露相关制度规定，从制度层面对信息披露框架内容进行规定，实现信息完整性和规范性披露；其次，正如鲍尔等（Ball et al.，2003）所言，制度或责任只是为高质量的信息披露提供了技术上的可能，解决问题的必要条件在于执行过程。由于市场机制与竞争机制的缺失，非营利组织治理结构成为组织最重要的管理和控制制度体系。合理安排基金会治理机制，实现治理机制对信息披露的监督和保障作用，从而保证了信息可靠性与准确性披露。基金会信息披露制度和基金会内外治理机制两者共同保证了基金会的披露信息能够提高基金会的社会公信力。因此，本书尝试从治理因素入手，研究治理结构中哪些具体治理特征会对基金会的信息披露质量产生影响。本书通过浏览基金会的官方网站、中国社会组织网基金会子站以《中国基金会透明度发展研究报告》，采用手工收集数据，通过实证研究的方法，对组织特征、外部治理因素和内部治理因素对基金会信息披露质量的影响进行深入的研究，从而为构建基金会信息披露的配套措施提供了基础。

本书系统地构建了基金会信息披露体系，具有较强的理论意义和实践意义。当然，正如前文所述，基金会信息披露制度并不是一项独立的工程，需要公共管理学、公共经济学、企业管理学、会计学、政治学等多学科理论与实务工作者的共同努力，本书只是作了初步的尝试。

基于本书的研究结论，笔者对基金会信息披露制度提出以下政策建议：

（1）目前，基金会等非营利组织正处于高速发展时期，但是基金会的公信力基础并不牢固，这使得基金会等非营利组织随时会处于一个危险的境地，因为公信力的动摇将会导致基金会等非营利组织失去社会公众的支持以及基金会赖以生存的捐赠资源。因此，如何通过基金会的信息披露建设基金会等非营利组织的社会公信力是一个非常紧迫的课题。

（2）建立基金会会计制度规范和信息披露相关法律法规。首先，我国虽然有民间非营利组织会计制度作为基金会等民间非营利组织的会计指导标准，但是各种民间组织承担的社会职责和运作特点各有不同，这就要求要有各自能够反映各自运作特征的会计制度规范。因此，必须制定针对基金会的会计制定规范。其次，应该加强基金会信息披露相关法律法规，应当借鉴上市公司的做法，建立涵盖立法层、规范层和具体操作层三个层次的健全的法律体系，摆脱目前基金会相关法律立法阶位较低、执行力不强的窘境，为基金会创造完善科学的法律环境。除此之外，应该建立健全完善外部监督体制，长效发挥独立审计对基金会的监督和引导作用，同时还应该增强惩罚措施的力度，提高基金会违法行为的经济成本。

（3）完善基金会的内部治理机制。正如第四章的研究结论，信息披露会对基金会的捐赠水平产生影响。正是基于信息披露具有经济结果，因此，基金会等非营利组织也会存在信息操纵的问题。应该通过明确非营利组织内部利益相关者的责任与义务，达到权力制衡、相互制约的效果。首先要选聘合格的理事、监事。在选择理事和监事时应充分考虑理事来源的多样性、科学性和专业性，监事来源的专业性和独立性，并且将理事和监事数量、年龄、性别纳入考虑范畴。其次要明确理事和监事自身的责任与义务。既要规范理事会、监事会等各方的权、责、利，又要合理安排理事和监事的比例，使得各方的权利与义务达成相互制约、相互督促、相互合作的关系，从而实现组织的收益最大化的目标。

（4）完善其他部分的自身建设。应该加强基金会自身建设，增强自身资金吸收能力，拓宽资金来源渠道，增强资金实力，提高组织规模。同时，非营利组织应规范内部的人事制度、会议制度、薪酬制度、绩效评估制度等，建立规范的运行规则。

基金会信息披露影响因素相关系数表

变量	(1)	(2)	(3)	(4)	(5)	(6)	(7)	(8)	(9)	(10)	(11)	(12)	(13)
AGE (1)	1.000												
lnTOTASS (2)	0.584**	1.000											
	0.000												
AUDITOR (3)	-0.086	-0.107	1.000										
	0.107	0.046											
DUALITY (4)	0.294**	0.232**	-0.155	1.000									
	0.000	0.000	0.004										
SIZE_B (5)	0.330**	0.456**	-0.044	0.187**	1.000								
	0.000	0.000	0.419	0.001									
AGE_B (6)	0.467**	0.364**	-0.029	0.108*	0.238**	1.000							
	0.000	0.000	0.596	0.047	0.000								
POLITI_A (7)	0.094*	0.090*	-0.150**	0.030	-0.009	0.208**	1.000						
	0.080	0.09	0.005	0.584	0.871	0.000							
POLITI_B (8)	-0.033	-0.105*	-0.122*	-0.043	0.182**	0.176**	0.353	1.000					
	0.536	0.050	0.022	0.422	0.001	0.001	0.000						
SIZE_S (9)	-0.095	0.059	0.066	-0.135*	0.227**	-0.017	-0.063	0.068	1.000				
	0.076	0.271	0.223	0.012	0.000	0.756	0.241	0.206					

续表

变量	(1)	(2)	(3)	(4)	(5)	(6)	(7)	(8)	(9)	(10)	(11)	(12)	(13)
AGE_S (10)	0.263**	0.193**	0.017	0.102	0.277**	0.460**	0.084	0.138*	0.003	1.000			
	0.000	0.000	0.755	0.063	0.000	0.000	0.126	0.011	0.963				
ADMIN (11)	0.385**	0.546**	-0.010	0.188**	0.312**	0.207**	-0.014	-0.093	-0.009	0.167**	1.000		
	0.000	0.000	0.064	0.001	0.000	0.000	0.801	0.082	0.870	0.002			
CONCEN (12)	-0.060	0.085	0.029	-0.023	0.086	-0.110*	-0.079	-0.180**	-0.034	-0.046	0.047	1.000	
	0.253	0.105	0.586	0.672	0.106	0.041	0.145	0.001	0.525	0.403	0.372		
DEBT (13)	0.150**	0.132*	0.042	0.054	0.082	0.071	-0.031	-0.065	-0.099	0.081	0.079	0.042	1.000
	0.004	0.012	0.435	0.315	0.123	0.1900	0.565	0.224	0.065	0.138	0.136	0.428	

注: ***、 **、 * 分别表示数据在1%、5%、10%的水平上显著。

参考文献

一、英文文献

[1] Álvarez, I. G. , Sánchez, I. G. , and Domínguez, L. R. La Eficacia Del Gobierno Corporativo Y La DivulgacióÓN De InformaciÓN En Internet [J]. Investigaciones Europeas de Dirección y Economía de la Empresa, 2009, 15 (1): 109 –135.

[2] Anthony, R. N. , and Young, D. W. Management Control in Nonprofit Organizations [M]. MA: McGraw-Hill Irwin, 2003.

[3] Ashbaugh-Skaife, H. , Collins, D. W. , and Kinney, W. R. The Discovery and Reporting of Internal Control Deficiencies Prior to SOX-Mandated Audits [J]. Journal of Accounting and Economics, 2007, 44 (1): 166 –192.

[4] Baber, W. R. , Roberts, A. A. , and Visvanathan, G. Charitable Organizations′ Strategies and Program-Spending Ratios [J]. Accounting Horizons, 2001, 15 (4): 329 –343.

[5] Ball R. Robin A. Wu, J. S . , Incentives versus Standards: Properties of Accounting Income in Four East Asia Countries [J]. Journal of Accounting and Economics, 2003, 36 (1 –3): 235 –270

[6] Ball, R. , Robin , A. , and Wu, J. S. Incentives versus standards: properties of accounting income in four East Asian countries [J]. Journal of accounting and economics, 2003, 36 (1): 235 –270.

[7] Behn, B. K. , DeVries, D. , and Lin, J. Voluntary Disclosure in Nonprofit Organizations: An Exploratory Study [J]. Available at SSRN, 2007.

[8] Behn, R. D. Rethinking Democratic Accountability [M]. MA: Brook-

ings Institution Press, 2001.

[9] Block, S. R. Perfect Nonprofit Boards: Myths, Paradoxes, and Paradigms [M]. New York: Simon & Schuster Custom Pub. , 1998.

[10] Bovens M. Analysing and assessing public accountability [J]. A Conceptual Framework, 2006.

[11] Breen, O. B. The Disclosure Panacea: a Comparative Perspective on Charity Financial Reporting [J]. VOLUNTAS: International Journal of Voluntary and Nonprofit Organizations, 2013, 24 (3): 852–880.

[12] Brown, W. A. Exploring the Association Between Board and Organizational Performance in Nonprofit Organizations [J]. Nonprofit Management and Leadership, 2005, 15 (3): 317–339.

[13] Buchheit, S. , and Parsons, L. M. An Experimental Investigation of Accounting Information's Influence on the Individual Giving Process [J]. Journal of Accounting and Public Policy, 2006, 25 (6): 666–686.

[14] Bushman, R. M. , Piotroski, J. D. , and Smith, A. J. What Determines Corporate Transparency? [J]. Journal of Accounting Research, 2004, 42 (2): 207–252.

[15] Callen, J. L. Money Donations, Volunteering and Organizational Efficiency [J]. Journal of Productivity Analysis, 1994, 5 (3): 215–228.

[16] Cherny, J. , Gordon, A. R. , and Herson, R. J. L. Accounting—A Social Institution: A Unified Theory for the Measurement of the Profit and Non-Profit Sectors [M]. Connecticut: Praeger Pub Text, 1992.

[17] Coulton, J. , James, C. , and Taylor, S. L. The Effect of Compensation Design and Corporate Governance on the Transparency of CEO Compensation Disclosures [J]. UTS School of Accounting, Working Paper, 2001.

[18] Cutt J. Comprehensive auditing in Canada: theory and practice [M]. Praeger Publishers, 1988.

[19] Cutt J. 1978. Accountability and Efficiency. In Smith Rand Weller P (Eds) . Public Service Inquiries in Australia , University of Queensland

Press. StLucia, 222 - 223

[20] David, O. , and Gaebler , " How the Entrepreneurial Spiritis Transforming the PublicSetor " Reinventing Government (Reading, M A: Addison-Wesley, 1992)

[21] DiLorenzo, J. , and Bennett, J. Unhealthy Charities: Hazardous to Your Health and Wealth [M]. New York: Basic Books, 1994.

[22] Dumont , G. E. Transparency or Accountability? The Purpose of Online Technologies for Nonprofits [J]. International Review of Public Administration, 2013, 18 (3): 7 - 29.

[23] Ebrahim , A. Building analytical and adaptive capacity: challenges for NGOs and donors [M]. Alexandria: Virginia Polytechnic Institute and State University, 2004.

[24] Edwards, M. and Hulme, D. Non-governmental organizations: performance and accountability: beyond the magic bullet [M]. , London: Earthscan Publications, 1995

[25] Edwards, M. , and Hulme, D. Too close for comfort? The impact of official aid on nongovernmental organizations [J]. World Development, 1996, 24 (6): 961 - 973

[26] Eng, L. L. , and Mak, Y. T. Corporate Governance and Voluntary Disclosure [J]. Journal of Accounting and Public Policy, 2003, 22 (4): 325 - 345.

[27] Faccio, M. , Masulis, R. W. , and McConnell, J. Political Connections and Corporate Bailouts [J]. The Journal of Finance, 2006, 61 (6): 2597 - 2635.

[28] Fard, H. D. , and Rostamy, A. A. A. Promoting Public Trust in Public Organizations: Explaining the Role of Public Accountability [J]. Public Organization Review, 2007, 7 (4): 331 - 344.

[29] Fisman, R. Estimating the Value of Political Connections [J]. American Economic Review, 2001, 91 (4): 1095 - 1102.

[30] Forker, J. J. Corporate Governance and Disclosure Quality [J]. Accounting and Business Research, 1992, 22 (86): 111 - 124.

[31] Francis, J. R. What Do We Know About Audit Quality? [J]. The British Accounting Review, 2004, 36 (4): 345 – 368.

[32] Frumkin, P. , and Kim, M. T. Strategic Positioning and the Financing of Nonprofit Organizations: Is Efficiency Rewarded in the Contributions Marketplace? [J]. Public Administration Review, 2001, 61 (3): 266 – 275.

[33] Gandía, J. L. Internet Disclosure by Nonprofit Organizations: Empirical Evidence of Nongovernmental Organizations for Development in Spain [J]. Nonprofit and Voluntary Sector Quarterly, 2011, 40 (1): 57 – 78.

[34] Gigler, F. , and Hemmer, T. On the frequency, quality, and informational role of mandatory financial reports [J]. Journal of Accounting Research, 1998: 117 – 147.

[35] Gonza'lez, M. J. , and Can~adas, E. Un ana'lisis emp'rico de la utilidad de la informacio 'n contable enlas entidades no lucrativas. Cuadernos De Ciencias Econo'micas y Empresariales, 2005, (49): 43 – 65.

[36] Gordon, T. P. , Knock, C. L. , and Neely, D. G. The Role of Rating Agencies in the Market for Charitable Contributions: An Empirical Test [J]. Journal of Accounting and Public Policy, 2009, 28 (6): 469 – 484.

[37] Gordon, T. P. and Khumawala, S. B. The Demand for Not – For Profit Financial Statements: a Model of Individual Giving [J]. Journal of Accounting Literature, 1999, 18: 31 – 56.

[38] Gray A, Jenkins W I. Accountable management in British central government: some reflections on the financial management initiative [J]. Financial Accountability & Management, 1986, 2 (3): 171 – 186.

[39] Greenlee, J. S. , and Brown, K. L. The Impact of Accounting Information on Contributions to Charitable Organizations [J]. Research in Accounting Regulation, 1999, 13: 111 – 126.

[40] Greenlee, J. S. , and Bukovinsky, D. Financial Ratios for Use in the Analytical Review of Charitable Organizations [J]. Ohio CPA Journal, 1998, 57 (1): 32 – 38.

[41] Greenlee, J. , Fischer, M. , Gordon, T. , and Keating, E. An Investigation of Fraud in Nonprofit Organizations: Occurrences and Deterrents [J]. Nonprofit and Voluntary Sector Quarterly, 2007, 36 (4): 676 – 694.

[42] Grein, B. M. , and Tate, S. L. Monitoring by Auditors: the Case of Public Housing Authorities [J]. The Accounting Review, 2011, 86 (4): 1289 – 1319.

[43] Gul, F. A. , and Leung, S. Board Leadership, Outside Directors' Expertise and Voluntary Corporate Disclosures [J]. Journal of Accounting and Public Policy, 2004, 23 (5): 351 – 379.

[44] Gupta, A. K. , and Lad, L. J. Industry Self-Regulation: An Economic, Organizational, and Political Analysis [J]. Academy of Management Review, 1983, 8 (3): 416 – 425.

[45] Hambrick, D. C. , and Finkelstein, S. 1987. Managerial discretion: A bridge between polar views of organizational fates. In B. Staw & L. L. Cummings, (Eds.), Research in Organizational Behavior, 1987, (9), 369 – 406.

[46] Hambrick, D. C. , and Mason, P. A. Upper Echelons: the Organization As a Reflection of Its Top Managers [J]. Academy of Management Review, 1984, 9 (2): 193 – 206.

[47] Hart, T. R. Ephilanthropy: Using the Internet to Build Support [J]. International Journal of Nonprofit and Voluntary Sector Marketing, 2002, 7 (4): 353 – 360.

[48] Hayek, F. A. Individualism and Economic Order [M]. Chicago: University of Chicago Press, 1948.

[49] Hofmann, M. A. , and McSwain, D. Financial Disclosure Management in the Nonprofit Sector: a Framework for Past and Future Research [J]. Journal of Accounting Literature, 2013, 32 (1): 61 – 87.

[50] Jegers , M. The effect of board - manager agency conflicts on non-profit organizations' earnings and cost allocation manipulations [J]. Accounting and Business Research, 2010, 40 (5): 407 – 419.

[51] Jensen, M. C. and Meekling, W. H. Theory of the firm: Managerial be-

havior, agency costs and ownership structure, Journal of Financial Economics. 1976, (3): 305 - 360.

[52] John, K. , and Senbet, L. W. Corporate Governance and Board Effectiveness [J]. Journal of Banking & Finance, 1998, 22 (4): 371 - 403.

[53] Kamat, S. The privatization of public interest: theorizing NGO discourse in a neoliberal era [J]. Review of International Political Economy, 2004, 11 (1): 155 - 176.

[54] Kitching, K. Audit value and charitable organizations [J]. Journal of Accounting and Public Policy [J]. 2009, 28 (6): 510 - 524.

[55] Kottasz, R. Differences in the Donor Behavior Characteristics of Young Affluent Males and Females: Empirical Evidence From Britain [J]. VOLUNTAS: International Journal of Voluntary and Nonprofit Organizations, 2004, 15 (2): 181 - 203.

[56] Lennox, C. Are Large Auditors More Accurate Than Small Auditors? [J]. Accounting and Business Research, 1999, 29 (3): 217 - 227.

[57] Leslie, M. B. The Wisdom of Crowds? Groupthink and Nonprofit Governance [J]. Florida Law Review, 2010, 62 (5): 1179 - 1226.

[58] Letts, C. , Ryan, W. P, and Grossman, A. High Performance Nonprofit Organizations: Managing Upstream for Greater Impact [M]. New York, NY: Wiley, 1999.

[59] Leventis, S. , Weetman, P. , and Caramanis, C. Agency Costs and Product Market Competition: the Case of Audit Pricing in Greece [J]. The British Accounting Review, 2011, 43 (2): 112 - 119.

[60] Lipsky, M. , and Smith, S. R. Nonprofit Organizations, Government, and the Welfare State [J]. Political Science Quarterly, 1989, 104 (4): 625 - 648.

[61] Maguire, K. Best Practices for Nonprofits' Internal Control Self-Assessment [J]. Advances in Management & Applied Economics, 2014, 4 (1): 41 - 87.

[62] Marudas, N. P. , and Jacobs, F. A. Determinants of Charitable Dona-

tions to Large US Higher Education, Hospital, and Scientific Research Npos: New Evidence From Panel Data [J]. VOLUNTAS: International Journal of Voluntary and Nonprofit Organizations, 2004, 15 (2): 157 – 179.

[63] Marudas, N. P. , and Jacobs, F. A. The Extent of Excessive Or Insufficient Fundraising Among US Arts Organizations and the Effect of Organizational Efficiency on Donations to US Arts Organizations [J]. International Journal of Nonprofit and Voluntary Sector Marketing, 2007, 12 (3): 267 – 273.

[64] Marudas, N. P. , Hahn, T. , and Fred, A. J. An Improved Model of Donations to Nonprofit Organizations [J]. Proceedings of ASBBS, 2012, 19 (1): 545 – 559.

[65] Marudas, N. , and Jacobs, F. The Effects of Nonprofit Organization-Specific Factors on Governmental Support to Nonprofit Organizations [J]. Journal of Management and Marketing Research, 2011, 8: 1 – 10.

[66] Monfardini P. Accountability in the new public sector: a comparative case study [J]. International Journal of Public Sector Management, 2010, 23 (7): 632 – 646.

[67] Murtaza, N. Putting the Lasts First: the Case for Community-Focused and Peer-Managed NGO Accountability Mechanisms [J]. VOLUNTAS: International Journal of Voluntary and Nonprofit Organizations, 2012, 23 (1): 109 – 125.

[68] Niven, P. R. Balanced Scorecard Diagnostics: Maintaining Maximum Performance [M]. New Jersey: John Wiley & Sons, 2005.

[69] Okten, C. , and Weisbrod, B. A. Determinants of Donations in Private Nonprofit Markets [J]. Journal of Public Economics, 2000, 75 (2): 255 – 272.

[70] Olson, D. E. Agency Theory in the Not-For-Profit Sector: Its Role at Independent Colleges [J]. Nonprofit and Voluntary Sector Quarterly, 2000, 29 (2): 280 – 296.

[71] Parsons, L. M. Is Accounting Information From Nonprofit Organizations Useful to Donors? A Review of Charitable Giving and Value-Relevance [J]. Journal of Accounting Literature, 2003, 22: 104 – 129.

［72］Parsons, L. M. The Impact of Financial Information and Voluntary Disclosures on Contributions to Not-For-Profit Organizations ［J］. Behavioral Research in Accounting, 2007, 19 (1): 179 – 196.

［73］Parsons, L. M. , Pryor, C. , and Roberts , A. A. The use of real ratio management or accounting discretion to manage efficiency ratios: Evidence from nonprofit managers ［J］. 2012. SRN Working Paper Series (06) http: //0-search. proquest. com. wncln. wncln. org/docview/1323942620? accountid = 8337.

［74］Patrizio Monfardini. Accountability in the new public sector: a comparative case study, International Journal of Public Sector Management Vol. 23 No. 7, 2010. pp. 632 – 646.

［75］Patton, J. M. Accountability and governmental financial reporting ［J］. Financial Accountability & Management, 1992, 8 (3): 165 – 180.

［76］Petrovits, C. , Shakespeare, C. , and Shih, A. The Causes and Consequences of Internal Control Problems in Nonprofit Organizations ［J］. The Accounting Review, 2011, 86 (1): 325 – 357.

［77］Posnett, J. , and Sandler, T. Demand for Charity Donations in Private Non-Profit Markets: the Case of the UK ［J］. Journal of Public Economics, 1989, 40 (2): 187 – 200.

［78］Putnam, R. D. , Leonardi, R. , and Nanetti, R. Y. Making Democracy Work: Civic Traditions in Modern Italy ［M］. Princeton: Princeton University Press, 1994.

［79］Ritchie, W. J. , and Kolodinsky, R. W. Nonprofit Organization Financial Performance Measurement: An Evaluation of New and Existing Financial Performance Measures ［J］. Nonprofit Management and Leadership, 2003, 13 (4): 367 – 381.

［80］Ritchie, W. J. Kolodinsky R. W. Nonprofit organization financial performance measurement: An evaluation of new and existing financial performance measures ［J］. Nonprofit Management and Leadership, 2003, 13 (4): 367 – 381.

［81］Rochester, C. Voluntary Agencies and Accountability ［J］. An Introduction to the Voluntary Sector, London: Routledge, 1995.

[82] Romzek B S, Dubnick M J. Accountability in the public sector: Lessons from the Challenger tragedy [J]. Public Administration Review, 1987: 227 – 238.

[83] Ruhaya, A., Saunah, Z., Roland, Y. T. N., and Sharifah A. Analyzing Discourse Practice of religious non profit organization using partial disclosure index [J]. World Academy of Science, Engineering and Technology, 2012 (68).

[84] Saxton, G. D., and Guo, C. Accountability Online: Understanding the Web-Based Accountability Practices of Nonprofit Organizations [J]. Nonprofit and Voluntary Sector Quarterly, 2011, 40 (2): 270 – 295.

[85] Saxton, G. D., Kuo, J. S., and Ho, Y. C. The Determinants of Voluntary Financial Disclosure by Nonprofit Organizations [J]. Nonprofit and Voluntary Sector Quarterly, 2012, 41 (6): 1051 – 1071.

[86] Schein, E. H. Organizational Culture and Leadership [M]. San Francisco: Jossey-Bass, 1992.

[87] Shannon, C. E. A Mathematical Theory of Communication [J]. ACM SIGMOBILE Mobile Computing and Communications Review, 2001, 5 (1): 3 – 55.

[88] Steinberg, R. The Revealed Objective Functions of Nonprofit Firms [J]. The RAND Journal of Economics, 1986, 17 (4): 508 – 526.

[89] Stewart, D. W. Physiological Measurement of Advertising Effects [J]. Psychology & Marketing, 1984, 1 (1): 43 – 48.

[90] Tinkelman, D. Differences in Sensitivity of Financial Statement Users to Joint Cost Allocations: the Case of Nonprofit Organizations [J]. Journal of Accounting, Auditing & Finance, 1998, 13 (4): 377 – 393.

[91] Tinkelman, D. Factors Affecting the Relation Between Donations to Not-For-Profit Organizations and An Efficiency Ratio [J]. Research in Governmental and Nonprofit Accounting, 1999, 10 (1): 135 – 161.

[92] Trabelsi, S., Labelle, R., and Dumontier, P. Incremental Voluntary Disclosure on Corporate Websites, Determinants and Consequences [J]. Journal

of Contemporary Accounting & Economics, 2008, 4 (2): 120 – 155.

［93］Trussel, J. Assessing Potential Accounting Manipulation: the Financial Characteristics of Charitable Organizations With Higher Than Expected Program-Spending Ratios ［J］. Nonprofit and Voluntary Sector Quarterly, 2003, 32 (4): 616 – 634.

［94］Trussel, J. M., and Parsons, L. M. Financial Reporting Factors Affecting Donations to Charitable Organizations ［J］. Advances in Accounting, 2007, 23: 263 – 285.

［95］Tuckman, H. P., and Chang, C. F. A Methodology for Measuring the Financial Vulnerability of Charitable Nonprofit Organizations ［J］. Nonprofit and Voluntary Sector Quarterly, 1991, 20 (4): 445 – 460.

［96］Verbruggen, S., Christiaens, J., and Milis, K. Can Resource Dependence and Coercive Isomorphism Explain Nonprofit Organizations' Compliance With Reporting Standards? ［J］. Nonprofit and Voluntary Sector Quarterly, 2011, 40 (1): 5 – 32.

［97］Ware, A. Between Profit and State: Intermediate Organizations in Britain and the United States ［M］. Princeton: Princeton University Press, 1989.

［98］Weisbrod, B. A. The Nonprofit Economy ［M］. MA: Harvard University Press, 2009.

［99］Weisbrod, B. A. Toward a Theory of the Voluntary Nonprofit Sector in a Three-Sector Economy ［M］. New York: Oxford University Press, 1986.

［100］Weisbrod, B. A., and Dominguez, N. D. Demand for Collective Goods in Private Nonprofit Markets: Can Fundraising Expenditures Help Overcome Free-Rider Behavior? ［J］. Journal of Public Economics, 1986, 30 (1): 83 – 96.

［101］Weiss, C. H. Bureaucratic Maladies and Remedies ［J］. American Behavioral Scientist, 1979, 22 (5): 477 – 82.

［102］Wing, K. T, Pollak, T. H., and Blackwood, A. The Nonprofit Almanac ［M］. Washington: Urban Institute Press, 2008.

［103］Wing, K., Gordon, T., Hager, M., Pollak, T., and Rooney,

P. Functional Expense Reporting for Nonprofits ［J］. The CPA Journal, 2006, 76 (8): 14 – 19.

［104］Woolf, G. World-Systems Analysis and the Roman Empire ［J］. Journal of Roman Archaeology, 1990, 3 (January): 44 – 58.

［105］Yetman, M. H. , and Yetman, R. J. The Effects of Governance on the Accuracy of Charitable Expenses Reported by Nonprofit Organizations ［J］. Contemporary Accounting Research, 2012, 29 (3): 738 – 767.

二、中文文献

［106］贝奇·布查特·阿德勒. 美国慈善法指南 ［M］. NPO 信息咨询中心译, 中国社会科学出版社, 2002, 1.

［107］彼得·德鲁克. 非营利组织管理 ［M］. 上海: 机械工业出版社, 2007.

［108］陈劲松, 彭珏. 论我国民间非营利组织财务会计的目标 ［J］. 西南农业大学学报 (社会科学版), 2007, 5 (1): 63 – 66.

［109］陈丽红, 张龙平, 杜建军, 全红蕾. 慈善基金会特征、审计师选择与捐赠决策 ［J］. 审计研究, 2014 (5): 68 – 76.

［110］陈岳堂. 构建非营利基金会信息披露质量评价指标体系 ［J］. 中南林业科技大学学报 (社会科学版), 2007 (7): 112 – 124.

［111］程博, 熊婷, 王菁. 基于云计算的非营利组织信息披露系统研究 ［J］. 商业会计, 2012 (3): 91 – 93.

［112］程博. 非营利组织关系能力对财务绩效的影响研究——基于信息披露机制的调节分析 ［J］. 广西社会科学, 2012 (11): 65 – 68.

［113］程博. 非营利组织信息披露系统体系设计 ［J］. 情报杂志, 2012, 31 (1): 156 – 160.

［114］程昔武, 纪纲, 刘子怡. 公益基金会财务信息披露指标体系设计 ［J］. 北京工商大学学报 (社会科学版), 2014 (5): 49 – 57.

［115］程昔武, 纪纲. 非营利组织信息披露机制: 一个理论框架 ［J］. 财贸研究, 2008 (4): 111 – 117.

[116] 程昔武. 非营利组织治理机制研究 [M]. 北京：中国人民大学出版社，2008.

[117] 邓国胜.《非营利组织评估》[M]. 北京：社会科学文献出版社，2001.

[118] 邓海峰. 基金会立法的缺陷与矫正 [J]. 学会，2005 (9)：32 - 34.

[119] 杜兴强，周泽将，修宗峰. 政治联系与会计稳健性：基于中国民营上市公司的经验证据 [J]. 经济管理，2009 (7)：115 - 121.

[120] 樊涛. 发挥非营利组织在和谐社会中的作用 [J]. 太原师范学院学报 (社会科学版)，2006 (2)：83 - 85.

[121] 樊子君，赵秋爽，李灿. 美国基金会信息披露的经验及启示 [J]. 中国注册会计师，2013 (3)：119 - 123.

[122] 冯辉. 我国基金会的法律监管机制研究 [J]. 政治与法律，2013 (10)：32 - 43.

[123] 盖拉特·P. 詹姆斯. 21 世纪非营利组织管理 [M]. 北京：中国人民大学出版社，2003.

[124] 葛家澍，叶凡，冯星，高军. 财务会计定义的经济学解读 [J]. 会计研究，2013 (6)：3 - 9.

[125] 葛顺道，商玉生，杨团，马昕. 中国基金会发展解析 [M]. 社会科学文献出版社，2009，97.

[126] 耿伟. 非营利组织财务报告及信息披露问题研究 [D]. 大连：东北财经大学，2011.

[127] 何光喜，王奋宇，赵延东. "非典" 中的非营利组织：作用、局限于根源 [R]. 中国科技促进发展研究中心调研报告，2003，34.

[128] 何威风，刘启亮. 我国上市公司高管背景特征与财务重述行为研究 [J]. 管理世界，2010 (7)：144 - 155.

[129] 赫茨琳杰. 非营利组织管理 [M]. 北京：中国人民大学出版社，2004.

[130] 胡杨成，蔡宁. 资源依赖视角下的非营利组织市场导向动因探析 [J]. 社会科学家，2008 (3)：120 - 123.

[131] 姜宏青. 非营利组织绩效管理会计信息披露体系研究 [J]. 会计之友, 2014 (10): 2 - 8.

[132] 姜宏青. 非营利组织透明信息的机理和途径分析 [J]. 山东社会科学, 2012 (2): 42 - 47.

[133] 康晓光. NGO 扶贫行为研究 [M]. 北京: 中国经济出版社, 2001.

[134] 莱斯特·塞拉蒙等著. 全球公民社会——非营利部门视界 [M]. 贾西津、魏玉等译. 北京: 社会科学文献出版社, 2002.

[135] 李建发. 规范民间非营利组织会计行为促进非营利事业蓬勃发展——学习《民间非营利组织会计制度》的几点体会 [J]. 会计研究, 2004 (11): 3 - 7.

[136] 李洁. 中小企业营运资本管理效率对绩效的影响——基于我国中小企业的面板证据 [J]. 经济经纬, 2011 (4): 96 - 100.

[137] 李静, 万继峰. 非营利组织会计目标浅探 [J]. 财会月刊 (会计版), 2006 (12): 17.

[138] 李静, 万继峰. 我国非营利组织会计信息披露现状解读 [J]. 现代财经 (天津财经学院学报), 2006, 26 (2): 30 - 33.

[139] 李晓倩. 论我国基金会治理结构的改进——以监督机制的完善为中心 [J]. 江汉论坛, 2014 (4): 55 - 60.

[140] 里贾纳·E·赫茨琳杰. 非营利组织管理 [M]. 北京: 中国人民大学出版社, 2000.

[141] 刘亚莉, 王新, 魏倩. 慈善组织财务信息披露质量的影响因素与后果研究 [J]. 会计研究, 2013 (1): 76 - 83.

[142] 刘亚莉, 张楠. 英国慈善组织财务信息披露制度的启示 [J]. 中国注册会计师, 2012 (5): 80 - 85.

[143] 刘玉廷. 我国会计制度改革的新成果——《民间非营利组织会计制度》发布实施 [J]. 商业会计, 2004 (11): 3 - 4.

[144] 刘志明, 张兴杰, 游艳玲. 非营利组织在线信息披露质量影响因素分析——基于中国基金会的实证研究 [J]. 中国行政管理, 2013 (11):

46 – 51.

［145］娄峥嵘. 我国非营利组织信息披露机制的理性分析［J］. 商业会计, 2012（32）: 60 – 61.

［146］陆建桥. 我国民间非营利组织会计规范问题［J］. 会计研究, 2004（9）: 16 – 21.

［147］路军伟, 李建发. 政府会计改革的公共受托责任视角解析［J］. 会计研究, 2006, 12: 14 – 19.

［148］罗伯特·E·麦克唐纳. 非营利组织创新研究: 组织使命的作用［J］. 国外理论动态, 2008（5）: 81 – 87.

［149］吕杰, 宗文龙. 美国大学基金会的信息披露制度及其启示——以印第安纳大学基金会为例［J］. 比较教育研究, 2013, 35（6）: 93 – 97.

［150］倪国爱, 程昔武. 非营利组织信息披露机制的理论框架研究［J］. 会计之友, 2009（11）: 11 – 14.

［151］乔旭东. 上市公司会计信息披露与公司治理结构的互动: 一种框架分析［J］. 会计研究, 2003（5）: 46 – 49.

［152］饶锦兴. 美国慈善事业发展印象［J］. 社团管理研究, 2011（1）: 25 – 28.

［153］沈慎. 美国慈善组织评估机构概述［J］. 社团管理研究, 2012（2）: 40 – 43.

［154］税兵. 基金会治理的法律道路——《基金会管理条例》为何遭遇"零适用"?［J］. 法律科学（西北政法学院学报）, 2010（6）: 125 – 136.

［155］孙宪忠. 财团法人财产所有权和宗教财产归属问题初探［J］. 中国法学, 1990（4）: 78 – 84.

［156］涂建明. 财务绩效驱动管理层的信息披露吗——来自上市公司的经验证据［J］. 管理评论, 2009（9）: 86 – 93.

［157］托马斯·西尔克. 《亚洲公益事业及其法规》［M］. 中国科学基金会主译. 科学出版社, 2000, 13 – 14.

［158］汪炜, 蒋高峰. 信息披露、透明度与资本成本［J］. 经济研究, 2004（7）: 107 – 114.

[159] 王冰. 我国慈善基金会法律制度研究 [D]. 苏州大学, 2012.

[160] 王名, 贾西津. 中国 NGO 的发展分析 [J]. 管理世界, 2002 (8): 30 - 43.

[161] 王名, 李勇, 黄浩明. 美国非营利组织 [M]. 北京: 社会科学文献出版社, 2012.

[162] 王名. 非营利组织管理概论 [M]. 北京: 中国人民大学出版社, 2002.

[163] 王名. 非营利组织的社会功能及其分类 [J]. 学术月刊, 2006 (9): 8 - 11.

[164] 王名. 改革中国民间组织监管体制的建议 [J]. 中国改革, 2005 (11): 46 - 47.

[165] 王雄元. 自愿性信息披露: 信息租金与管制 [J]. 会计研究, 2005 (4): 25 - 29.

[166] 韦祎. 整个慈善基金会法人制度研究 [M]. 北京: 中国政法大学出版社, 2010.

[167] 韦静. 完善我国基金会法律制度的思考 [J]. 阜阳师范学院学报 (社会科学版), 2008 (3): 98 - 99.

[168] 文国锋. 日本民间非营利组织: 法律框架、制度改革和发展趋势——"日本 NPO 法律制度研修"考察报告 [J]. 学会, 2006 (10): 3 - 13.

[169] 吴联生. 会计信息质量特征探讨——从《会计法》谈起 [J]. 财经论丛, 2000 (3): 50 - 53.

[170] 肖飒, 刘凯. 论我国基金会的公私制衡 [J]. 重庆交通大学学报 (社会科学版), 2011, 11 (3): 49 - 52.

[171] 谢晓霞. 慈善组织财务信息披露对捐赠的影响——以中国慈善基金会为样本的经验证据 [J]. 财贸研究, 2014, 25 (2): 150 - 156.

[172] 徐富海. 公开、信任与监督——由"郭美美事件"看公益慈善组织的发展 [J]. 理论视野, 2011 (11): 40 - 42.

[173] 徐莉萍, 廖鑫, 胡倩蕙. 基于社会责任的公益组织财务信息披露研究 [J]. 上海大学学报 (社会科学版), 2013 (2): 62 - 75.

［174］徐勇. 基金会公共责任的实现困境及其对策分析——以理事会治理为考察点［J］. 内蒙古大学学报（哲学社会科学版），2012，44（2）：21－25.

［175］颜克高，陈晓春. 非营利组织信息披露机制的理论构建［J］. 华东经济管理，2010（12）：122－125.

［176］颜克高，薛钱伟. 非营利组织理事会治理与财务绩效研究［J］. 商业研究，2013（10）：96－103.

［177］杨团. 关于基金会研究的初步解析［J］. 湖南社会科学，2010（1）：53－59.

［178］伊志宏，姜付秀，秦义虎. 产品市场竞争、公司治理与信息披露质量［J］. 管理世界，2010（1）：133－141.

［179］易金翠. 实现公益慈善组织信息有效披露的路径探析［J］. 商业会计，2012（4）：78－80.

［180］于国旺. 受托责任与非营利组织会计信息披露分析［J］. 财会通讯：综合（上），2010（8）：53－54.

［181］郁玉环. 基于公司治理视角的信息披露影响因素分析［J］. 数量经济技术经济研究，2012（8）：64－78.

［182］增旗，王冠. 非营利组织构建企业化管理模式的探讨［J］. 商场现代化，2008（14）：98－98.

［183］詹姆士·杰雷德. 21世纪的曙光——非营利事业的管理［M］. 台北：五观艺术管理出版公司，2001.

［184］张彪，向晶晶. 构建非营利组织财务透明度提升机制的基本思路［J］. 财经理论与实践，2008，29（4）：73－76.

［185］张纯. 非营利组织理财［M］. 上海：上海财经大学出版社，2007.

［186］张尔升，杨红，刘长江. 社会信任、管理沟通与企业规模［J］. 中国国情国力，2010（4）：40－44.

［187］张国生，赵建勇. 政府和非营利组织会计的环境、特征与预算会计改革［J］. 财经论丛，2005（1）：86－92.

［188］张立民，李晗. 我国基金会内部治理机制有效吗？［J］. 审计与经济研究，2013（2）：79－88.

［189］张明. 非营利组织的治理机制研究［D］. 暨南大学, 2008.

［190］张琦. 公共受托责任、政府会计边界与政府财务报告的理论定位［J］. 会计研究, 2008 (12): 29 - 34.

［191］张为国, 陈立齐等. 美国的政府会计规范及其借鉴［J］. 会计研究, 2001 (4): 36 - 42.

［192］张雁翎, 陈慧明. 非营利组织财务信息披露的筹资效应分析［J］. 财经研究, 2008, 33 (11): 104 - 113.

［193］张兆国, 刘永丽, 谈多娇. 管理者背景特征与会计稳健性——来自中国上市公司的经验证据［J］. 会计研究, 2011 (7): 11 - 18.

［194］赵建勇. 政府与非营利组织会计［M］. 北京: 中国人民大学出版社, 2012.

［195］仲伟周. 中国非营利组织行为的研究现状与未来趋势［J］. 预测, 2003, 22 (3): 12 - 16.

［196］朱孟林. 试论完善我国慈善基金会监管的法律对策［D］. 苏州大学, 2013.

［197］朱宇. 非营利组织财务绩效模糊综合评价研究——基于我国青少年发展基金会的分析［J］. 财会通讯 (综合版), 2009 (9): 51 - 52.

［198］资中筠. 财富的归宿: 美国现代公益基金会述评［M］. 北京: 生活·读书·新知三联书店, 2011.